做一个百万级别的
抖音号

刘东明 著

民主与建设出版社
·北京·

图书在版编目(CIP) 数据

做一个百万级别的抖音号 / 刘东明著. -- 北京 :
民主与建设出版社, 2019.8
ISBN 978-7-5139-2578-5

Ⅰ. ①做… Ⅱ. ①刘… Ⅲ. ①网络营销 Ⅳ.
①F713.365.2

中国版本图书馆CIP数据核字(2019)第164245号

做一个百万级别的抖音号
ZUO YIGE BAIWAN JIBIE DE DOUYINHAO

出 版 人	李声笑
著　　者	刘东明
责任编辑	刘　艳
封面设计	华业文创
出版发行	民主与建设出版社有限责任公司
电　　话	(010)59417747　59419778
社　　址	北京市海淀区西三环中路10号望海楼E座7层
邮　　编	100142
印　　刷	天津冠豪恒胜业印刷有限公司
版　　次	2019年9月第1版
印　　次	2019年9月第1次印刷
开　　本	710 毫米 × 1000 毫米　1/16
印　　张	16
字　　数	220千字
书　　号	ISBN 978-7-5139-2578-5
定　　价	48.00 元

前 言

PREFACE

如何低成本打造一个百万级别抖音号

狄更斯在《远大前程》中有一句话：“机会不会上门来找人，只有人去找机会。”这句话运用在抖音运营上恰如其分。

微信、微博所带来的“双微时代”曾经给不少行业带来了天翻地覆的改变，很多品牌和个人借助双微而崛起。但随着时间的推移，双微所能带来的营销效果渐渐变弱，就在大家苦于无计可施之时，抖音出现了。

炫酷的特效、逗乐有趣的视频，抖音完全符合了当下年轻人的生活方式，并且在短短一年时间里如同雨后春笋一样，迅速崛起。抖音真正让人侧目的还是其千万级流量背后蕴藏的财富。

例如，依靠抖音火爆全网的“答案奶茶”“佩奇小猪手表”“海底捞花样吃法”，等等。同时，运营好抖音也能让个人成为名人，一夜爆红。例如“黑脸V”“兔三岁”“石榴哥”等。一时间，越来越多的草根想要依靠抖音实现百万粉丝，成为抖音KOL（Key Opinion Leader，简称KOL关键意见领袖）。事实上，这不是不可能，只要你懂得科学合理地运营抖音，就可以低成本地打造一个百万抖音号。

下面我们看一下“最黑科技”这个百万级别大号的运营。

“最黑科技”是一个专门做黑科技的个人抖音号，该号主要带用户认识全球最新、最酷的黑科技产品。截至2018年10月20日，“最黑科技”的抖音号粉丝有121.6万，累积点赞981万。在每一个短视频中，“最黑科技”都给用户带去最新潮的黑科技产品，如渐变面具、音乐花洒、智能垃圾桶，等等。

“最黑科技”在做抖音时，非常有逻辑。

第一，做好定位。

在了解抖音平台的基础上，给自己做一个垂直领域的定位，最终选择在黑科技方面做运营。这需要任何一个抖音运营者都学会根据自身资源做充足的定位。

第二，内容输出策划。

做好定位之后，对标竞争对手，做出用户人群画像分析，然后进行内容规划。在内容规划中需要大量收集素材，在众多黑科技中选择用户需求的产品进行策划，然后拿出一个最佳内容方案。

第三，拍摄视频。

在拍摄视频时，“最黑科技”运用了一些独特的拍摄技巧和软件制作，最终呈现出来的短视频非常专业且高端，给抖音粉丝带去一种神秘玄幻感，同时更加对“最黑科技”展示的产品感兴趣。

第四，引流变现。

“最黑科技”不仅通过把玩黑科技获得了高人气和百万粉丝，该账号还巧妙借助抖音实现了引流变现。例如在抖音主页面介绍中，将自己销售黑科技的微信号加入其中，当然了，该账号运用了“VX”的隐形表达方式。因为粉丝喜欢他展示的黑科技，所以这样的引流非常有效。

第五，定期复盘。

“最黑科技”深知抖音市场中有很多同类号，他们的抖音也都做得很好，因此，定期做复盘总结，学习对方的优秀技巧，总结自己的不足和劣势。只有这样，才能做出更好的视频，吸引更多的粉丝。

“最黑科技”的做法也是本书中的一些要点。想要低成本地打造一个百万级别的大号，必须要从账号的熟悉、定位、内容输出、视频拍摄、编辑、发布、引流、变现和复盘做起。按照这个流程和逻辑一步步打造抖音，一定可以在短时间内塑造出一个百万级抖音号。

因此，本书特别适合那些零基础抖音运营者以及想要俘获百万粉丝的初级运营者阅读。

目 录
CONTENTS

第一章 账号：从0到1，八大窍门打造最强抖音号 ……………… 001

1．怎样快速注册一个抖音号………………………………………… 002

2．怎样设置抖音头像更引人注意…………………………………… 006

3．怎样用一句话签名突出你的“不一样” ………………………… 010

4．怎样最大程度上保障你的账号安全……………………………… 013

5．怎样绑定第三方账号……………………………………………… 016

6．怎样对抖音进行实名认证………………………………………… 019

7．怎样操作抖音各项基本功能……………………………………… 024

8．怎样理解抖音社区自律公约和用户协议 ……………………… 027

第二章 定位：六大方法快速确定你的抖音调性 ………………… 033

1．如何找到你的擅长领域…………………………………………… 034

2．如何利用品牌十字定位模型找到自己的属性…………………… 038

4．如何根据粉丝需求来定位………………………………………… 044

5．如何根据市场稀缺做差异化抖音………………………………… 048

6．如何打造一份有价值的竞品报告………………………………… 051

第三章 输出：十种内容类型总有一种符合你……………………… 055

1．为什么“小年轻”跳的舞步那么受欢迎 ………………………… 056

2．为什么让人笑喷的段子更容易火……059
3．为什么才艺表演更出众……062
4．为什么宠物类内容更容易成为爆款视频……065
5．为什么“跟着抖音游××”那么盛行……069
6．为什么搞笑的内容会被大家关注……072
7．为什么戳中心窝的情感内容更长久……075
8．为什么“黑脸V”的内容十个有八个转……078
9．为什么美食内容更容易上热搜……082

第四章　拍摄：制作抖音视频的九种拍摄技巧……087

1．怎么制作毫无违和感的合拍……088
2．怎么利用抖音拍摄基础操作拍出极速和极慢视频……092
3．怎么使用滤镜拍摄唯美视频……095
4．怎么借助道具拍摄最潮视频……096
5．怎么用录屏制作“视频+文字”……101
6．怎么使用手机里的视频APP……104
7．怎么在PC端制作高级视频……107
8．怎么运用构图技巧来达到视频的完美视觉效果……110
9．怎么拍出高端运镜视频……115

第五章　编辑：抖音文案标题，这六招就够了……119

1．如何写出热点文案……120
2．如何用结构法搭建出文案模块……122
3．如何给你的文案加入名人效应……125
4．如何在文案中体现故事性……128
5．如何用一句话戳到粉丝痛点……131
6．如何在标题中引导粉丝……135

第六章 发布：找到抖音发布的七大规律 …… 139

1．发布视频时为什么要@抖音小助手 …… 140

2．为什么视频发布时要学会用@功能 …… 144

3．为什么发布视频时要发起话题 …… 146

4．为什么选择合适的背景音乐很重要 …… 151

5．为什么视频的封面选取关系到点击量 …… 154

6．为什么发布视频时要保存本地视频 …… 158

7．为什么同一视频不同时间发布效果差那么多 …… 161

第七章 引流：新号迅速吸粉百万的八个妙招 …… 165

1．如何利用通讯录好友来迅速裂变 …… 166

2．如何用小号在大号上点赞评论引流 …… 169

3．如何留住老粉又能吸引新粉 …… 173

4．如何通过蹭热点快速吸粉 …… 177

5．如何用微信疯狂吸粉 …… 182

6．如何用QQ为抖音吸粉 …… 185

7．如何掌握微博吸粉的妙招 …… 188

8．如何将抖音二维码投放在各大社交平台 …… 192

第八章 变现：六大盈利模式等着你去用 …… 197

1．怎么做才能在抖音上实现高效带货 …… 198

2．怎么做才能把淘宝购物车嵌入抖音 …… 201

3．怎么做才能把产品植入抖音而不被平台屏蔽 …… 205

4．怎么做才能用抖音直播提升变现率 …… 209

5．怎么做才能开通抖音知识付费模式 …… 212

6．怎么做才能成为企业号，扩大品牌影响力 …… 216

第九章　复盘：优化抖音运营的六个方式……223
1．怎样与粉丝互动最有效果……224
2．怎样把私信功能运用到极致……227
3．怎样将福利发到粉丝心坎上……234
4．怎样通过抖音算法机制来分析抖音运营……236
5．怎样从同行中学习到新点子……240
6．怎样写一份复盘总结……244

第一章

账号：从0到1，八大窍门打造最强抖音号

做抖音，必须要全面了解和熟悉账号的基础信息和流程。抖音养号的流程是什么？从账号注册开始，到熟知抖音各项功能，这个过程也是一个抖音运营基础的过程。在该过程中，我们需要详细掌握快速注册账号的流程，如何设置头像和签名，如何保障账号安全，如何遵循抖音社区自律公约等。只有掌握抖音的基本流程和使用规则，你才能够进行更深度的抖音运营。

1. 怎样快速注册一个抖音号

“抖音那么火，我也想玩。”这是身边很多人的心声。抖音是一款火热的视频社交软件，是一个专注年轻人的15秒音乐短视频社区，抖音用户可以在该平台上随时随地发布短视频，可以和更多志同道合的朋友一起互动、分享美好生活。你还可以借助抖音平台涨粉百万，成为抖音网红；利用抖音打造品牌爆款，获得巨大流量，成为变现专家等。

当然了，这一切的前提是你必须要先注册一个抖音号。下面我们就来介绍一下如何快速注册一个抖音号。

■ 快速注册个人抖音号

第一步，下载抖音短视频APP，并安装在手机上。

第二步，打开抖音APP，在首页找到“我”，进入该界面。

第三步，手机号码注册方式：在“我”页面中弹出的内容中点击输入手机号注册（当然你还可以选择微博、QQ、微信等方式注册和快捷登录）。

第四步，输入手机号码之后，看清楚相关协议，然后点击同意抖音用户协议。

第五步，进行手机号码短信验证，输入验证码以后再点击确认。

第六步，完成注册，进入自己的页面，并接受完善信息。

第七步，把各项信息都填写完整（包括生日和昵称），然后返回个人主页就可看到账号已注册成功。

至此，快速注册一个抖音号的操作就已全部完成。

■ 快速注册抖音企业号

如果你是一个企业，想要注册一个企业号，希望依靠抖音来宣传产品，做到像adidasneo那样的大号，需要的是注册一个企业号。

主要步骤：

第一步，根据上述过程，在抖音APP中使用手机号先注册一个个人抖音号。

第二步，在电脑PC端提交企业号认证，按步骤充值300元，根据提示准备好各项资料，按步骤申请就可以了。认证申请链接：https://www.douyin.com.

第三步，通过邮箱进行注册操作，一个邮箱只能注册一次。

第四步，从邮箱验证，然后仔细填写真实资料。

第五步，填写一张资料表，注意其中所有资料必须真实可靠。

第六步，填写完后，经过管理员同意后方可得到审核。一般是七天之内得到回复。

■ 注册抖音之后，观看并搜索抖音视频

当你注册了一个抖音号之后，接下来就可以搜索和观看一些抖音短视频。这是玩转抖音的一个前提基础。你必须要懂得“养号”，需要通过搜索功能来了解抖音的热门视频和一些感兴趣的视频。

注册了抖音之后，首先打开抖音，会出现一个推荐的抖音视频页面。在这个页面的左上方有一个放大镜的图标，这就是“搜索”功能，

打开这个搜索，会看到下面这个页面（见图1-1）：

图1–1　打开抖音“搜索”页面

在“搜索”功能中有几个主要内容：

第一，抖音热搜。

点击“搜索”进入一个热搜页面。在这个页面中有“抖音热搜”板块，这里有最近一周最新的火爆信息，随便点击一个热搜内容，就会发现很多与热搜内容相关的视频推荐。

点击“视频榜”会看到最新最热的视频内容，用户可以点击观看汲取经验（见图1-2，下一页）。

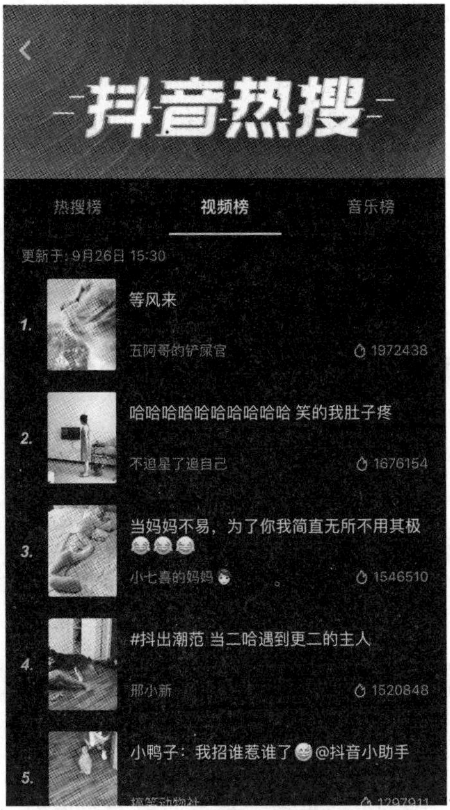

图1–2　抖音热搜的视频榜

第二，抖音推荐。

抖音还会推荐更多的话题、挑战赛、知名抖音大号的内容等。粉丝可以选择自己喜欢的内容点击观看。

第三，抖音大面积滚动横幅页面。

在热搜下面有一个滚动横幅，这相当于抖音的广告电子屏。很多抖音的公告、活动、通知都会在这里显示。当然了，企业也可以在这里做广告推广，其效果非常显著。

第四，扫描二维码功能。

在搜索功能中有一个最基本的功能，就是在最左上角有一个二维码扫描功能，我们可以扫描对方的二维码观看别人的抖音内容，或者扫描二维码加对方为好友。

对于刚注册了抖音号的用户来说，通过搜索功能可以了解抖音最新的视频和热搜信息，多观看一些热门视频，甚至可以多点赞和转发。这是熟悉抖音运作的一个基本流程，也是做好抖音运营的前提。

抖音小课堂：

使用一个新手机号码或者新的社交账号来快速注册一个抖音号，并了解抖音账号中的基本功能。

2. 怎样设置抖音头像更引人注意

注册了抖音之后，我们需要上传一张独具特色的头像来吸引人们的注意。这就像你在微信、QQ、微博等社交网站中的头像一样，好的头像可以让你快速脱颖而出。

■ 抖音头像的设置操作

当我们在注册账号时，把各项信息都填写完整（包括生日和昵称），然后可以点击照相机按钮选择头像。通过照相机按钮，进入自己的手机相册，然后选择一张照片作为自己的头像确定并上传。

如果你不满意你的头像，还可以返回自己的主页面，直接点击头像，进入更换头像页面（见图1-3，下一页）。

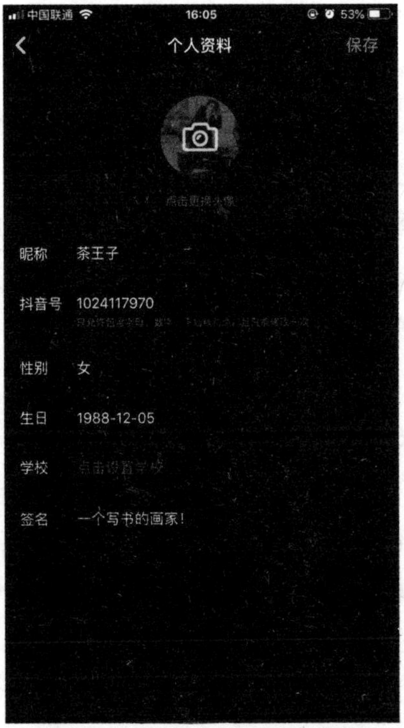

图1–3　**抖音更换头像页面**

在这里，你可以用相机拍摄也可以进入相册选择自己喜欢的图片，上传到抖音，成功更换头像。

■ 动漫卡通大头像制作

2018年10月初，在抖音上有一些用户的头像颇为吸引人，这些人的头像是动态的漫画人物。这是怎么制作的呢？

这并不需要其他的第三方软件，而是苹果手机独有的一个功能。

当然了，你的手机最好是iponeX以上，且系统要升级到IOS12才会有，显然这是IOS12更新优化的功能。如果你是ipone7或者ipone8，那么拍摄出来的卡通头像只有动漫滤镜。

具体的拍摄制作教程：

第一，先打开苹果手机上的短信功能。

第二，编写短信，然后打开左侧的相机功能，选择左下角像风车图案的标志，在三原色图标中打开，然后点击漫画特效就可以了。

第三，选择漫画特效，进行拍摄，相片保存成功。

如此一来，你就可以轻松拍摄一张动漫版的自己的头像。这样的头像更能吸引人们的关注，也代表着你拥有最新苹果手机，更新潮。

■ 文字励志头像的制作

在抖音上，还有一种头像惹人关注，那就是文字励志头像。即用文字替换人物当头像。在这方面做得很好的抖音号例如：总裁商业思维（头像为‘正能量’的文字）。

三个简简单单的文字让该抖音号头像与众不同，脱颖而出，不但激发了人们的斗志，而且也给人们带去了活力。

制作这类头像时，看上去很简单，只需要将截取几个文字当头像即可。但是你需要注意几个细节。

第一，文字不能过多，最多不要超过5个字。最好是1～3个字。例如“道”“家教”“正能量”这样的典范，一目了然的同时更能夺目。

第二，文字要对称，且要在最中间。在选取文字当头像时。需要特别注意对称性，给粉丝带去一种工整的感觉。此外，这也是抖音运营严谨性的一个体现。

第三，背景颜色的选择。通常情况下，用励志文字来做头像，需要使用白底黑字来展现。这样更加清晰地凸显文字含义，引人夺目。当然，你也可以使用一些具有艺术性质的颜色搭配，例如白底蓝字、红底白字等。

第四，字体尽量选用宋体或者楷体。这两个字体更能体现出你的头像的庄重和沉稳。

第五，文字含义要与你所做的抖音内容相吻合。你的头像文字一定要展现出你的抖音运营内涵。

■ 企业号头像直接用logo

对于抖音企业号，其头像的选择更加多样，最能引发人们关注的就是使用企业的logo作为头像。这样的头像不但可以在很大程度上宣传自己的品牌，还能让粉丝一目了然，快速了解企业文化。

■ 用萌宠当头像

在抖音上，还有一种头像惹人注目，那就是用动物做头像。各种小猫小狗的头像似乎很受人欢迎。但是需要注意的是，在使用宠物当头像时：

（1）千万不要抄袭，尽量原创。

网络上有很多创意的宠物相片。偶尔借鉴可以，但是如果直接抄袭拿来做头像，会引发版权问题。你可以借鉴那些知名萌宠的照片，给你的萌宠拍一个相似的照片，这样就能很好地避免版权。

（2）给萌宠头像做个滤镜。

加了滤镜的萌宠头像更可爱，也更萌，人们会跟更喜欢点击。

（3）还可以使用一些公仔和萌宠玩具作为头像。

如果你没有萌宠，那么你可以使用一些公仔、毛绒玩具等作为头像，加了滤镜之后也一样很可爱，能快速吸引人们的关注。

抖音小课堂：

更换你当前的抖音头像，制作一个励志文字头像。然后观察抖音涨粉和视频点击率情况。

3. 怎样用一句话签名突出你的“不一样”

在抖音账号中，有一个非常重要的门户：签名。在过去QQ火热的时候，QQ签名风靡一时，各种主流、非主流的流行话语都能在分分钟吸引人们的关注。抖音也是如此，抖音是一个与众不同的个性化媒介平台。因此，个性签名也需要独具一格才能突出你的“不一样”。

下面看一下，如何用一句话签名体现出你的不同。我们会针对每种类型的签名介绍其写法。

■ 平白通俗地介绍抖音号的功能

最简单的一句话签名就是用平白通俗的话语来介绍你的抖音号的内容和功能。例如“书语”这个抖音号。一个专门推送好书里面经典句子的抖音号，在它的抖音号签名介绍中就很明确地用一句通俗的话来表现：“每日分享好书里面的经典句子。”

这句话通俗直白，简单易懂。粉丝看到之后就会瞬间明白这个抖音号的功能。这样也能给你的抖音号做一个无形的推广。

这种签名的方法很简单：

（1）一句话不超过20个字。

字数千万不能多，多了粉丝无暇阅读，而且理解也有难度。

（2）提取重要信息和关键词。

一句话的表达方式要简洁清晰，需要提取重要的信息和关键词。

（3）通俗易懂。

句子不能生硬蹩脚，要简单通俗。

（4）与抖音号的运营功能相关联。

这样可以给粉丝带去联想。

■ 加入微信或与工作有联系的签名

在抖音中严禁过度营销，因此不能直接出现淘宝账号、微博账号、微信账号等信息。但是很多抖音用户却利用一些独特巧妙的方式在签名中加入微信和工作联系。

例如“一禅小和尚”的签名：“可能是世界上最萌的小和尚，围脖卫星@一禅小和尚工作联系：ychz2233。”

从这个签名中你看到了什么？下面我们来分析一下这个签名的方法：

（1）将微博和微信转换为代替词。

例如“围脖”“威信”“V心”等。这样粉丝一看就懂，而且也方便营销。

（2）添加工作方式。

例如电话号码或者微信号。

（3）前面加一句有意思的话。

不能一上来就发布自己的微博和微信账号，而要在工作联系前面加一句简单的话，例如抖音号“吉他的天空”的签名是“厚德载物！天道酬勤！围脖：吉他的天空527”。

■ 押韵对偶，易于传播的签名

蓝翔技校有一句流传很广的广告语：“挖掘机技术哪家强，中国山东找蓝翔。”这句话几乎家喻户晓。没错，在签名上，你也可以使用押韵的方式。

押韵对偶的方式读起来朗朗上口，易于传播。从诗经开始，到现在的对联、歌词，我们一直就有使用对偶及押韵的表达习惯。押韵对偶以其结构工整及朗朗上口实现了签名好记、好传播。

例如抖音号“泡沫”的签名是“半生寻找入口，半生寻找出口”。这句话几乎一模一样，却朗朗上口，易于传播。

在使用这种方式时，其方法很简单，可以选择那些美好的古诗词摘抄或者修改知名广告语等方式。

■ 文艺清新的签名

还有一些签名特别吸引人，那就是文艺风。这种文艺清新的签名特别适合做小众抖音号的用户使用。

例如抖音号“小凯FM”的抖音签名是：“一杯英文，一抹时光，正好。”这句话文艺淡雅，流露出轻轻的小资情调。

这种签名应该如何打造呢？

（1）使用心情做签名。

用心情做签名，可以引发粉丝的共鸣，与之产生交互。

（2）使用歌词做签名。

用一些忧伤或者独具情感的歌词做签名也能更好地引发共鸣。

（3）使用名人的一些名句做签名。

名人名句要选择小资作家、文艺作家，这样更有内涵。

■ 善用数字的签名

在抖音的签名中，我们还可以用一些数字化的签名来展示自己。例如之前OPPO的手机广告语："充电5分钟，通话2小时"。这样的表达方式特别鲜明独特，一目了然地表达出产品的特色。

在抖音号中，我们也可以用数字的方式来展示，如有这样一个抖音号，其签名是："我来自H612星球，我的编码是89757"这个签名非常个性，给人制造出一种"外星人"的科幻感觉，也带出了一丝神秘感。

使用数字签名时，需要注意的是你不能全部用数字，要使用"文字+数字"的组合方式，并且整体签名要简短，而且这个数字也要体现出它的独特意义。

抖音小课堂：

根据上述的几种签名操作方法，分别打造签名。然后从中精选一条加以投放运用。同时，还可以用这种方式帮助你身边的同事、好友来改造签名。

4. 怎样最大程度上保障你的账号安全

为了能够有一个良好的抖音运营环境，我们需要保障我们的抖音账号安全。其中最重要的一点就是熟悉了解抖音账号安全的保护措施。

■ 为什么要保障抖音账号的安全

首先我们来了解一下，为什么要保障抖音账号的安全。因为很多不法分子会绞尽脑汁地盗窃那些粉丝量几十万的抖音号，以此来牟利。

盗号者的过程是什么：

第一，先通过抖音私信，冒充官方抖音小助手给抖音用户发送钓鱼网站链接。

很多人会冒充“抖音小助手”（起一个相同的名字），然后给抖音用户发送私信。这种方式是抖音的漏洞，抖音应该将“抖音小助手”设置为官方独家，其他用户不得使用这个名字。

第二，抖音用户通过私信点击了钓鱼网站，如此就“中招了”。收到的私信中往往是冒充官方发来的邀请开通直播功能，附带链接其实就是一个钓鱼网站。

第三，点击钓鱼网站之后，当抖音用户再次输入账号密码的时候，此时自己的抖音账号就会成为对方的了，即账号被成功盗取。

第四，盗号者会通过各种渠道发布出售抖音账号的广告，并留下自己的微信。在朋友圈里展示他盗取的抖音账号的类别、粉丝量，以此来寻找买家。

第五，有买家想要购买时，盗号者会通过第三方平台进行交易。他们为了快速脱手，盗来的抖音号售价都较低，几十万粉丝的抖音号通常仅卖到几千元人民币。

第六，交易完成后，盗号者会协助绑定买家手机号。如此一来，一个抖音号就完成了整个“易主”过程。

眼看着自己养大的账号被别人更新，还用着自己的头像和身份，这是一件非常难过的事情。

通常情况下，粉丝量在10万到50万之间的账号最容易被盗取。因为这种级别的抖音号能卖到更高的价钱。此外这种级别的账号非常多，不太容易引起抖音官方的关注。

为了更安全地使用抖音，抖音用户应该需要在最大程度上保障自己的账号安全。下面是从注册账号开始就应该熟练掌握的保障措施。

■ 设置抖音安全模式

（1）绑定第三方账号或手机号。

可以先将抖音升级为最新版本，然后点击设置中的“账号管理”，即可绑定手机号码或者第三方账号。

同时，我们还需要注意，抖音仅支持同个手机号只可绑定同个抖音号。出现“此手机账号已经绑定账号XXX”的提示时，说明您输入的手机号已经绑定过了其他抖音号，建议你可以更换其他的手机号来绑定当前想要绑定的抖音号。

（2）怀疑被盗号时怎么办。

第一种情况：当你收到短信提示您的抖音账号在异地登录时，您需要检查第三方平台账号是否存在安全风险，并务必尽快设置安全性更高的登录密码。如修改密码之后仍出现该问题，那么可以发送邮件至feedback@douyin.com，主题命名为“异地登录+抖音ID+手机号”，详细描述您遇到的问题，抖音平台会为用户快速解决。

第二种情况：怀疑账号被盗时，您可以直接发送邮件至feedback@douyin.com的，主题命名为“账号找回+您被盗取的抖音ID+联系电话”，并在邮件内容中详细说明账号被盗的过程，抖音平台会有专人与之联系并为其解决问题。

（3）关于注销账户时必须了解的安全保障

当你不需要抖音账号时，可以采取注销模式。如果不加以注销，抖音号被盗取的可能性会很大。

抖音账号注销必须要符合下列条件：

第一，已经绑定手机号，且满3个月。

第二，三个月内无法找回密码、无修改密码行为。

第三，三个月内无绑定手机号、更改手机号以及申请注销账号等行为。

第四，账户内无未消费抖币、火山钻石。

第五，账号未被永久封禁。

第六，账号无未解除的第三方绑定关系。

第七，注销后，账户中的虚拟货币、余额都将作废无法恢复。用本账号登录方式登录的抖音短视频、火山小视频会一并注销。

抖音小课堂：

根据上述抖音安全模式来一一检查相关环节是否得到保障。如有环节遗漏请补充。

5. 怎样绑定第三方账号

玩抖音的人都知道，一定要绑定第三方账号。为什么？

因为绑定第三方账号之后的抖音号会更安全，也更有利于吸粉和推广。目前在抖音中有第三方账号的平台分别为：微信、QQ、微博、今日头条。

我们可以根据自己的需求绑定第三方平台，为自己的抖音号无限量的引流吸粉。

操作方法流程如下：

（1）打开“设置”，找到“账号与安全”。

（2）打开“账号与安全”，找到“第三方账号绑定”，

（3）然后在这个页面中选择需要绑定的第三方账号（见图1-4，下一页）。

图1-4　第三方账号绑定页面

分别看一下这些第三方平台的功能。

■ 绑定微信

抖音号绑定微信之后，我们可以通过微信直接登录抖音，并且还可以添加微信好友列表的人为抖音好友。当你发送抖音短视频时，选择快速在微信朋友圈发布，吸引更多人的点赞和推广。

■ 绑定QQ

抖音号绑定QQ之后，通过QQ直接登录抖音。此外，还可以允许抖音访问QQ的信息和基础资料，在QQ空间快速发布抖音的链接等信息。也可以通过QQ通讯录来录入抖音好友，让你的抖音给更多人知道。

■ 绑定微博

抖音号绑定微博之后，通过微博直接登录抖音，而且在抖音中还能显示出你的微博账号。同时，你也可以通过将短视频转发到微博的方式来获得更多微博好友的点赞和宣传。绑定微博有一个前提条件，那就是你必须要先关注抖音短视频的微博官方账号。

此外，你还可以在微博中通过抖音官方账号发布的一些抖音最新话题来及时加入其中，为你捕捉到更多的抖音热点。

■ 绑定今日头条

你还可以将抖音账号绑定今日头条。前提是你必须要下载今日头条APP并且注册今日头条账号。绑定之后你可以将今日头条的粉丝直接一键关联到抖音，为抖音增粉。

抖音和今日头条都是属于同一网络公司开发的不同类型APP，从本质上说，他们属于同一系统的不同板块。只是今日头条更加趋向于全面化发展，抖音则专注于短视频更加专业化方向的发展。今日头条的发展重点则放在了对于时事热点的最新发送，其风格更加贴近正统媒体，而且除了在新闻方面的发展，短视频、娱乐等各方面都在同时发展，今日头条比抖音的受众群体更加广泛，吸引着不同年龄层次、消费层次的用户群体，其囊括的用户范围之广，受众群体之多，这是抖音比不了的。

抖音更受年轻用户群体的欢迎，拥有固定的年轻化客户资源，它所发布的内容也更加迎合年轻人的口味。

因此，在抖音发布的短视频还可以选择一键同步到今日头条和西瓜视频中，让你的抖音短视频有多一个渠道来吸粉。

从用户群体来看，今日头条拥有着比抖音更加广泛的用户，而且其用户群体的宽度和广度都是跨度特别大的。由于其涉及的范围比较广，拥有的用户群体更广泛。所以，在未来的抖音短视频发展道路上，可以积累更多今日头条的优质用户群体。

在今日头条中，你还可以汲取到更多的热门消息和一些头条新闻，这也可以为你发布抖音带来更多灵感和素材。

抖音小课堂：

注册今日头条APP账号，并且将抖音关联。然后在今日头条多关注一些用户和时事热点，为抖音运营打好基础。

6. 怎样对抖音进行实名认证

为什么要进行抖音实名认证?

其一，为了安全。不必担心账号被盗（认证后被盗的几率很小），就算被盗也可以通过客服及时找回。

其二，对于开通抖音直播的用户来说，抖音实名认证是必须的一个环节。

下面看一下抖音的实名认证操作步骤。

■ 个人实名认证

点击“设置”中的“账号与安全”然后找到“实名认证”，在这里有两个途径：

第一，实名认证，输入自己的真实姓名和身份证号码就可认证。

第二，人工认证，必须本人手持身份证，保证身份证上信息清晰可见，然后表示同意抖音用户协议及隐私条款，上传照片即可认证。

■ 抖音官方认证

抖音官方认证针对的是个人、企业机构的账号认证。

点击“设置”的“账号与安全”找到“抖音官方认证”，即可选择需要的认证。

第一，个人认证。

此处的个人认证与上面的不一样，上面的只是实名认证，而此处的个人认证是适合公众人物、领域专家和网红的申请。换句话说，不是任何普通用户都可以申请的。你必须要满足下列几个条件（见图1-5）。

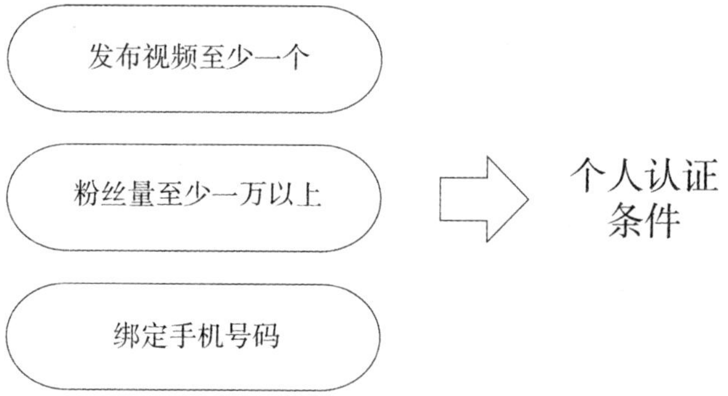

图1-5　个人认证的条件

一般情况下，普通用户对于第一和第三个条件都容易满足，但是对第二个条件却非常难以完成。你必须要累计一万粉丝以上才能够有资格申请个人认证。因此，当你不足一万粉丝时，你必须先进行上面第一个个人实名认证，然后持续发布精彩优质内容，以此来吸粉，涨到一万粉丝时，方可在这个版块进行申请个人的抖音官方认证。

当你申请了个人的抖音官方认证之后，就等于拿到了抖音平台赋予你的网红资格证，你可以在抖音获得一些独特的权限，例如开直播。

第二，企业认证。

企业认证在抖音中可以申请极速开通，也就是说当你满足了一定条件就可以快速开通。具体的操作如下：

（1）提交资质，提交企业营业执照。

（2）提供企业认证公函，该公函可以在企业认证的页面中下载模板。

（3）支付认证审核服务费，务必要使用与认证企业名称一致的账号，以公对公支付的方式支付600元认证审核服务费。

（4）支付成功之后，通过审核。

通过抖音官方认证的企业号，可以在抖音打造品牌传播阵地。企业号帮助传递业务信息，建立良好的用户互动关系。此外，认证后的企业号还拥有下列几个特权。

拥有官方认证（蓝V）；个性定制，可以自定义主页头图并且制作1分钟长视频；内容营销，可以直接链接官网，跳转全面数据分析等。

但是任何企业认证都需要符合抖音的认证审核标准。下面来看一下今日头条官方网站中对抖音企业号认证时，应该符合的具体的审核标准。

抖音“企业认证”审核标准		
一、账号信息	企业号昵称	1．昵称应为基于公司或品牌名或产品的全称或无歧义简称，谨慎使用简称，如“小米”应为“小米公司”，“keep”应为“keep健身”，易混淆类词汇必须添加后缀（公司、帐号、小助手、官方等）。具体业务部门或分公司不得使用简称，如“美的电饭锅”不得申请“美的”。 2．不得以个人化昵称认证企业帐号，如××公司董事长、××公司CEO、××小编等；或系统默认/无意义昵称，如“手机用户123”、“abcd”、“23333”。涉及名人引用但无相关授权的无法通过审核。

一、账号信息	企业号昵称	3．抖音昵称不允许重名，企业认证采取先到先得的原则，但也不支持恶意抢注，您需提供能够支持您昵称内容的所有相关资质。分公司或分产品线的帐号不建议以总公司昵称入驻，以免影响后续总公司的注册。 4．如体现特定内容，需结合认证信息及其他扩展资料判定。涉及应用类，提供软著，涉及网站，提供ICP截图，涉及品牌及商标，提供商标注册证，如“下厨房APP”，需提供软著，如“雅诗兰黛”，需提供商标注册证明。 5．昵称宽泛的不予通过，1）拟人化宽泛，如“小神童”，2）范围宽泛，如“学英语”。3）地域性宽泛，如“日本旅游”，不可通过。用户品牌名/产品名/商标名涉及常识性词语时，如“海洋之心”、必须添加后缀，如××APP、××网站、××软件、××官方帐号等，否则无法通过审核。 6．昵称中不得包含“最”“第一”等广告法禁止使用的词语。
	头像与签名	1．头像应与公司或品牌或产品有一定相关性，且不侵犯其他品牌或第三方的合法权益。不得使用空白头像或系统默认头像，不得使用违反平台规范的头像。 2．签名应与公司或品牌或产品有一定相关性，不得出现联系方式或其他社交网络平台信息，不得出现营销信息。
	认证信息	1．不超过16个字。 2．企业为公司本身申请：需与营业执照上的企业主体名称一致。如：广州×××信息科技有限公司，××（杭州）网络有限公司。 3．企业为公司自有品牌申请：品牌名全称+官方账号，如：×××官方账号。 4．企业为公司代理品牌申请：品牌名全称+区域+官方账号，如：×××北京官方账号。 注：a．体现商标、游戏、应用、网站、代言信息需提供对应资质或授权。 b．如品牌无法提供相应资质，认证信息则为营业执照的企业主体名称。

二、证照上传	营业执照。
	彩色扫描件，营业执照各字段及章完整清晰。只支持中国大陆工商局或市场监督管理局登记的企业。
	认证申请公函。
	内容填写完整，加盖彩色公章扫描件，不支持使用财务章、合同章、人事章。
	补充资料。
三、行业准入	1、营业执照的经营范围如不包括财经、法律，用户申请相关分类的企业帐号不予通过。
	2、公司资质、帐号信息（昵称、头像、简介）涉及医疗健康类、博彩类、互联网金融类、微商，不予通过。
	3、公司资质、帐号信息（昵称、头像、简介）涉及信托、私募、枪支弹药、管制刀具、增高产品、两性产品，不予通过。
	4、营业执照的经营范围涉及以下内容的不予通过：偏方、艾灸、艾方、临床检验、基因检测、血液检查、生殖健康（药物，胶囊、用剂，如私处紧致用品）、整容整形（半永久、脱毛、纹身、疤痕修复、烧伤修复）、手工加工类（如艾草加工、手工串珠）。

第三，机构认证。

企业、媒体、国家机构和其他知名机构可以在抖音申请抖音官方认证，申请方式在电脑（pc端）端打开www.douyin.com申请。

申请的机构类型包括三大类：

（1）媒体：适合报纸、杂志、电视、电台、通讯社等其他生产内容为主的组织机构。

（2）国家机构：中央及全国各级各地行政机关、行政机关直属机构等。

（3）其他组织：适合易被混淆的自媒体、工作室、社会组织等知名机构团体。

认证的步骤：

（1）准备认证资料：营业执照、认证公函（可在官网中下载）。

(2) 提交认证资料：对上述资料进行提交。

(3) 7个工作日即可完成审核。

抖音小课堂：

返回“设置”中观看自己是不是没有经过个人认证。首先为了安全起见，可以先申请个人实名认证。然后根据自己的粉丝数量来确定是否需要个人认证。

7. 怎样操作抖音各项基本功能

想要打造出一个百万级别的抖音号，你必须要先熟悉抖音的各项功能和操作流程。

很多内容创业者、新媒体从业人员在研究抖音时，主要针对如何生产内容，以及如何快速打造一个大号直至变现；企业在研究抖音时，针对的是抖音的流量和营销玩法；网红、艺人经纪公司研究抖音时，针对的是如何和抖音平台谈入驻事项，如何进行分成……

抖音带来的巨大的红利和机遇，吸引着无数的人。他们希望借助抖音实现自己的目标和计划。当然了，这一切的一切都需要建立在熟知抖音的基本操作上。

■ 首页：推荐和同城功能

打开抖音的第一眼就是来自抖音平台的推荐。抖音会推送一大波的短视频给我们观看。如果你特别关注某些短视频，抖音还会通过机器人推算出你的喜欢类型，于是在下次推送时，会特别推送你喜欢的视频。这也是为什么你刷抖音停不下来的缘故。

在首页中与“推荐”并列的还有一个功能是“同城”。在这个区域里面，我们只要打开位置，就可以搜索到同城近距离的抖音号的信息。在页面上可以显示出对方与你的距离、对方的粉丝数量和点赞数量等。

很显然，这是一个类似社交的属性，我们可以在同城区域板块中寻找距离自己近的抖音号，然后加好友，互相关注，发展线上和线下的社交关系，同时还能为自己带来圈子的某种影响力，打造互联网社交货币的强度，为自己带来更多的粉丝。

此外，在同城的功能中，还有“美食”“酒店”“玩乐”“购物”等板块。例如点击“购物”会自动为你跳到同城购物商场、卖场的抖音短视频，为你捕捉和发现美好的事物。

■ 关注：抖音朋友圈

在抖音中，在首页旁边有一个“关注”板块。这类似于微信的朋友圈。你所关注的抖音号，发布的最新内容和动态，都在这里显示。通过这个板块，我们可以对关注的抖音号一目了然，第一时间知道好友的动态，了解对方发布的抖音内容。

同时，在这个板块中，我们还可以给对方的内容快速点赞、评论和转发。当然了，关注你的粉丝也会通过这个功能第一时间关注你的动态。

此外，在“关注”板块最上方，还可以看到正在直播的抖音用户。我们可以选择点击进入对方的直播间，观看对方的直播。

■ “+”：抖音的视频核心功能区域

在抖音中最核心也是最重要的功能区域就是“+”，这个功能位于抖音页面下方，有一个明显独特的“+”标志。在这里，我们可以上传、拍摄、拍照，以此来发布自己的短视频。

在拍摄时，我们可以选择抖音官方提供的道具辅助拍摄，让视频更加有花样。还可以自主选择音乐背景。此外，我们还可以借助抖音官方提供的特效和滤镜为视频修饰，增强视觉效果。总之，这是生产和制造抖音短视频优质内容的核心大本营，也是抖音最重要的部分。

■ 消息：最新通知和作品的最新反馈

在“消息”这个功能板块中，我们主要可以观看发布视频之后的反馈，即粉丝数、点赞数、评论数。以此来方便掌握自己的单视频回馈动态信息。

不仅如此，“消息”板块还有三个小功能：

抖音小助手：抖音小助手会为我们推荐更多热门、新鲜的话题和官方活动，便于我们第一时间参与。

资讯助手：资讯助手为我们推荐更多抖音火爆的内容是如何打造的，如何拍摄一些更好的视频，怎样制造话题等，可以说是对抖音号是非常有帮助的。

系统通知：这个板块是抖音官方的温馨提示和通知，任何的最新通告和提示，都会在这里第一时间出现，帮助我们快速了解发布抖音的最新内容和要求。

■ “我”：抖音展示页面和设置功能

在“我”的板块中，属于抖音展示页面。在这里，我们发布的每一条短视频和动态都能一目了然，包括视频的缩略图、点击量、点赞量、关注量、粉丝数等。我们还可以在这个版块中对抖音账号进行个性化多元设计，例如更换头像、更改名称、分享和设置等。

抖音小课堂：

了解了这些功能之后，我们就可以尝试在抖音中发布短视频，给他人点赞，关注别人，评论转发优质视频等。通过这些练习来加强抖音的操作。

8. 怎样理解抖音社区自律公约和用户协议

虽然每个人都可以注册抖音，但是在抖音运营中，我们必须要遵循抖音社区自律公约和用户协议。关于这两份协议在抖音官网中都有详细的下载版本。下面我们主要来分析一下这两份协议的一些重点内容。

■ 抖音社区自律公约中应该注意的重点

第一，抖音社区自律公约是为了抵制一切不良信息的传播，净化社区内容而建立的。

换句话说，社区自律公约是每个抖音用户必须遵循的条文，只有按照这个条文来运营抖音，才能制造出更加健康正面的内容。

第二，重点要明确社区的违规行为。

（1）严禁盗用、复制他人作品，侵犯他人权益。

（2）严禁发布垃圾广告。

（3）严禁任何刷赞刷粉行为。

（4）严禁一切违法，涉政，色情，血腥或涉及敏感物品的内容。

（5）严禁诋毁或骚扰作者，发布不当内容。

（6）严禁任何鼓励或煽动人们实施自残行为的内容。

（7）严禁封建迷信内容，严控民间陋习（如捉奸、婚闹）。

（8）严禁针对公众或个人安全发表严重威胁言论。

（9）严禁煽动暴力行为，或者基于人们的种族、民族、国籍、地域、性别、性别认同、性取向、宗教信仰、残疾或疾病发起攻击。

用户不但自己不能发布这些违规信息，而且还有发现违规信息举报的义务。我们只要看到相关违规行为，就可以通过抖音内置的举报选项来通知抖音官方平台。举报时，我们还需要提供详细的信息，如截图、用户名等信息。

■ 抖音用户服务协议中应该关注的重点

第一，每个抖音用户在初次使用抖音时，都必须要阅读和理解抖音用户服务协议。

每个抖音用户在开始使用“抖音短视频”软件及相关服务之前，都务必要认真阅读并充分理解抖音用户协议，特别是涉及免除或者限制责任的条款、权利许可和信息使用的条款、同意开通和使用特殊单项服务的条款、法律适用和争议解决条款等。其中，免除或者限制责任条款等重要内容将以加粗形式来提示用户注意，用户应重点阅读。如用户未满18周岁，需要在法定监护人陪同下仔细阅读并充分理解本协议，并征得法定监护人的同意后使用“抖音”软件及相关服务。

第二，关于抖音账号，用户协议需要注意的几个点。

（1）用户必须要理解并承诺所设置的账号不得违反国家法律法规及公司的相关规则。这包括用户的账号名称、头像和简介等注册信息中不得出现违法和不良信息，未经他人许可不得用他人名义（包括但不限于冒用他人姓名、名称、字号、头像等足以让人引起混淆的方式）开设账号，不得恶意注册“抖音”账号（包括但不限于频繁注册、批量注册账号等行为）。

用户在账号注册及使用过程中需遵守相关法律法规，不得实施任何侵害国家利益、损害其他公民合法权益，有害社会道德风尚的行为，抖音有权对用户提交的注册信息进行审核。

（2）用户在“抖音”中的注册账号所有权及有关权益均归公司所有，用户完成注册手续后仅享有该账号的使用权。用户的账号仅限于本人使用，未经公司书面同意，禁止以任何形式赠与、借用、出租、转让、售卖或以其他方式许可他人使用该账号。

（3）在注册、使用和管理账号时，用户需要保证注册账号填写的身份信息具有真实性。依照国家法律法规的规定，为使用本软件及服务，用户需要填写真实的身份信息，需按照相关法律规定完成实名认证，并注意及时更新上述相关信息。

第三，用户制作、评论、发布、传播的内容应自觉遵守法律法规、社会主义制度、国家利益、公民合法权益、社会公共秩序、道德风尚和信息真实性等“七条底线”要求，否则抖音会采取相应处理措施。

抖音用户协议中规定，用户不得发表下列信息：

（1）反对宪法确定的基本原则的。

（2）危害国家安全，泄露国家秘密。

（3）颠覆国家政权，推翻社会主义制度，煽动分裂国家，破坏国家统一的。

（4）损害国家荣誉和利益的。

（5）宣扬恐怖主义、极端主义的。

（6）宣扬民族仇恨、民族歧视，破坏民族团结的。

（7）煽动地域歧视、地域仇恨的。

（8）破坏国家宗教政策，宣扬邪教和迷信的。

（9）编造、散布谣言、虚假信息，扰乱社会秩序、破坏社会稳定的。

（10）散布、传播淫秽、色情、赌博、暴力、凶杀、恐怖或者教唆犯罪的。

（11）危害网络安全、利用网络从事危害国家安全、荣誉和利益的。

（12）侮辱或者诽谤他人，侵害他人合法权益的。

（13）对他人进行暴力恐吓、威胁，实施人肉搜索的。

（14）涉及他人隐私、个人信息或资料的。

（15）散布污言秽语，损害社会公序良俗的。

（16）侵犯他人隐私权、名誉权、肖像权、知识产权等合法权益内容的。

（17）散布商业广告，或类似的商业招揽信息、过度营销信息及垃圾信息。

（18）使用本网站常用语言文字以外的其他语言文字评论的。

（19）与所评论的信息毫无关系的。

（20）所发表的信息毫无意义的，或刻意使用字符组合以逃避技术审核的。

（21）侵害未成年人合法权益或者损害未成年人身心健康的。

（22）未获他人允许，偷拍、偷录他人，侵害他人合法权利的。

（23）包含恐怖、暴力血腥、高危险性、危害表演者自身或他人身心健康内容的，包括但不限于以下情形：

①任何暴力内容。

②任何威胁生命健康、利用刀具等危险器械表演的危及自身或他人人身及或财产权利的内容。

③怂恿、诱导他人参与可能会造成人身伤害或导致死亡的危险或违法活动的内容。

（24）其他违反法律法规、政策及公序良俗、干扰“抖音”正常运营或侵犯其他用户或第三方合法权益内容的其他信息。

第四，理解对于违反抖音用户协议的处理。

（1）针对用户违反本协议或其他服务条款的行为，抖音有权独立判断并视情况采取预先警示、拒绝发布、立即停止传输信息、删除跟帖、音频、视频等内容、短期禁止发言、限制账号部分或者全部功能直至永久关闭账号等措施。抖音有权公告处理结果，且有权根据实际情况决定是否恢复使用。对涉嫌违反法律法规、涉嫌违法犯罪的行为将保存有关记录，并依法向有关主管部门报告、配合有关主管部门调查。对已删除内容公司有权不予返还。

（2）因用户违反本协议或其他服务条款规定，引起第三方投诉或诉讼索赔的，用户应当自行承担全部法律责任。

（3）抖音以及头条公司尊重并保护法人、公民的知识产权、名誉权、姓名权、隐私权等合法权益。用户需要保证，在使用“抖音”软件及相关服务时上传的文字、视频、音频、链接等不侵犯任何第三方的知识产权、名誉权、姓名权、隐私权等权利及合法权益。否则，公司有权在收到权利方或者相关方通知的情况下移除该涉嫌侵权内容。针对第三方提出的全部权利主张，用户应自行承担全部法律责任；如因用户的侵权行为导致公司及其关联公司、控制公司、继承公司遭受损失的（包括但不限于经济、商誉等损失），用户还应足额赔偿公司及其关联公司、控制公司、继承公司遭受的全部损失。

抖音小课堂：

前往抖音官方平台下载并详细阅读完整版“抖音社区自律公约”和“抖音用户协议”。同时，在接下来运营抖音时，要严格遵循两个约定，不能出现违反约定的行为。同时，还要积极举报那些违规的抖音账号，保障抖音整体环境的干净。

第二章

定位：六大方法快速确定你的抖音调性

做任何运营都需要定位，定位是成功的基础。抖音运营也缺不了定位，抖音的定位必须要垂直、专业、专长。本章六大方法教会你如何做抖音定位。首先要找到你的擅长领域，然后利用专业定位模型工具来科学定位，接下来是细分市场，按照粉丝需求定位，根据市场稀缺精准定位，最后是调查竞品，拿出竞品报告。这是一个专业系统，且符合逻辑的抖音定位方案，每一个抖音运营者都必须要熟练掌握。

1. 如何找到你的擅长领域

在抖音运营的定位过程中，首先需要明确自己的优势，即根据优势来精准定位。我们要清楚自己擅长什么领域，找到这个领域并且精进它。这就是所谓的自我定位。只有自我定位准确，才能在抖音中发挥出先天优势，争夺巨大流量池。

抖音上一个叫“法律小朱”的抖音用户，从名字上我们可以看出这是一个普及法律知识的抖音号。

首先，“法律小朱”很确定自己的定位是什么。那就是利用自己的专长来为广大抖音粉丝普及法律知识，传递正能量。没错，该抖音用户还有一个私人微博账号，一直都以发布法律资讯为主线，且拥有一大批粉丝。因此，他做抖音的定位就非常明确，其引流目的也很清晰。

其次，在擅长的领域做抖音。

也有很多类似“法律小朱”这样的抖音用户，为什么没有做大呢？因为他们没有在擅长的领域发挥出优势。而这位“法律小朱”非常擅长抓住广大抖音用户的生活需求，发布一些涉及生活息息相关的法律知识，以此来打开了抖音千万流量池。

最后，这位抖音用户每天都持续发抖音。很多人找到了自己专长的领域，却没有坚持下来，最终粉丝自然都跑光了。而“法律小朱”非常有耐心，每天坚持发布短视频，更新抖音，在第一时间给粉丝带去最新的关于生活方面的法律小知识。

这位“法律小朱”抖音用户不仅在抖音上获得了曝光率，而且还为自己带来了疯狂的引流，他的微博也迅速涨粉。

如何像“法律小朱”一样找到自己的擅长领域，并且在这个领域内做出与众不同的抖音呢？

■ 在自己专业的领域内做抖音

像“法律小朱”这样的抖音号有一个重要的特点，那就是在自己专业的领域内做抖音。换句话说，你的专业是什么，就做什么抖音。例如你是一个歌唱家，那么在抖音上就可以发布唱歌的视频；你是一个厨师，在抖音可以发布做饭的视频；你是一个赛车手，在抖音上发布赛车的视频，等等。这样你的抖音才会做得更加精准，吸引更多相同爱好的人观看。

例如在抖音上有一个1994年出生的年轻画家“九匠小老师”，截止到2018年10月20日，其抖音粉丝超过119万。他每天会将自己绘画的过程和作品拍摄并发布到抖音上，吸引了大量粉丝关注（见图2-1）。

图2-1　九匠小老师的抖音主页

所以，在抖音做运营，定位时，首先要考虑自身的专业是什么，然后尝试在这个专业的基础上发布短视频。

■ 客观审视，锁定自己的专长

很多人认为自己也可以在不同领域做抖音，甚至觉得自己很多元化。实际上，这样的想法很可能会一场空。在抖音，真正做成功的，都是锁定了自己的专长。其方法就是客观地审视自己，找到一个专长领域。

下面是几个具体的细节做法：

（1）思考你所做的事情中得到最多表扬的事情是什么。

抖音用户必须先静下来心来，好好审视自己，自己到底做过哪些被别人赞美的事情？你可以把这些事情用一张表列出来，比如你书法很棒；琴弹得很厉害等。这些事情很可能就是你的天赋专长所在，找到它，它就有可能是你的抖音运营的神秘武器。

（2）找到能让你全身投入，并且废寝忘食的事情。

很多抖音用户唱歌特别好听，无论是嗓音还是外型，无论是选歌还是挑战，都唱得特别投入，有时候一唱就是几个小时，每天都坚持发视频。这样的抖音号自然会得到人们的喜爱，因为唱歌就是他的专长。

（3）找到你比别人学习快的技能。

还有一些专长是后天学习得到的。其实这也是一种天赋，只是平常你很少用到。人们的认知是有限的，很多优势可能连自己都不知道。这需要你多观察和思考自己，可以与身边的人做对比，然后找到你比别人学习快的技能。

简单来说，就是你做一件事比别人要有悟性，别人需要十天，你只需要三天，而且做得比别人还要好。

上述几个方法，我们可以逐一试验，并且自我寻找，运用这种科学的方式，一定可以发现自己的专长，并且锁定它，不断培养和训练。

■ 分析自己的核心优势

如果只是按照抖音的基础操作步骤，运营一个抖音账号是很简单的。但是运营的结果，包括粉丝量、点赞量却是很难说。在自我定位时，我们必须要学会分析自己的核心优势。只有分析自己的核心优势，才能将优势发挥到最大极致，那么在抖音运营时，也才能如鱼得水。

例如在抖音做得很火的“PS之光”。在抖音上有很多做PS培训的抖音号，但是这个号却能做得非常精彩，为何它如此强大呢？因为该抖音用户能科学准确地分析出自己的核心优势（见图2-2）。

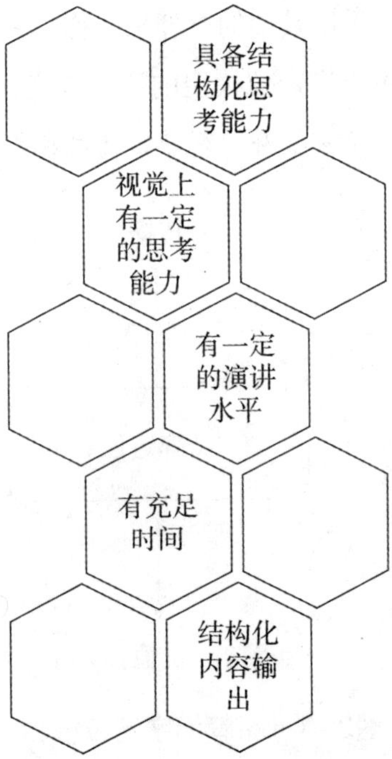

图2-2 科学分析自己优势的方式

我们也需要根据自己所要做的抖音区域分析自己的核心优势，然后从中出发，放大优势，垂直专注领域，这样就能有的放矢。

抖音小课堂：

审视自己的抖音号为什么粉丝那么少？然后审视自己的优势，分析核心优势，在自己专业垂直的领域内重新发布内容。

2. 如何利用品牌十字定位模型找到自己的属性

在定位中有一个专业的科学的定位模型：品牌十字定位模型。在抖音运营中，我们也可以采用其中的原理来操作。

先来了解一下品牌十字定位模型的四个维度。品牌十字模型基于四个纬度建立，分别是产品或服务、客户、传播和价值（见图2-3）：

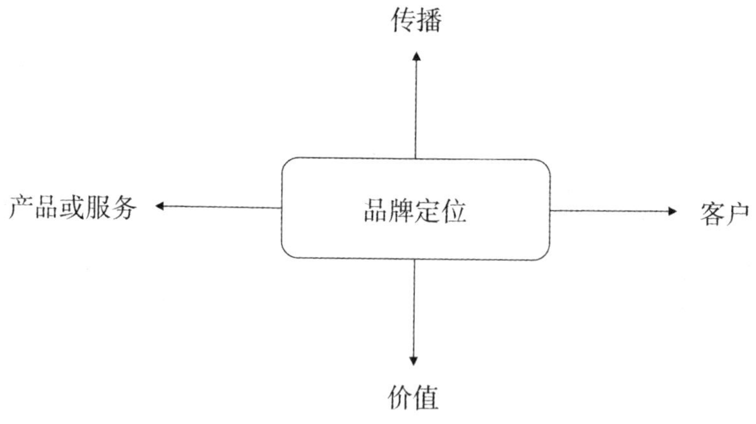

图2-3 品牌十字定位模型

每个纬度之下又有四个纬度形成完整的十字模型：

■ 第一个维度：产品或服务必须要有内涵

在产品或服务这个环节里，一般的企业往往只着眼于自身产品和服务的特点，一些优秀的企业则更进一步分析自身产品的独有功能，工艺、差异性及唯一性作为品牌定位的根基。大部分企业在这个环节都能做出正确的分析和定位。

但是，更重要的是分析我们所提供的产品或服务的真正内涵是什么，而不能流于表面。就像抖音运营一样，你的抖音号发布的内容不能只是流于表面的东西，必须要给粉丝带去真正有意义的内涵。

那些流于表面的抖音内容，虽然点赞很多，但是这样的抖音号却不能获得更多粉丝，因为抖音用户在观看这些内容时，只是被当时的一些趣味点所吸引，却并没有触动到用户内心，所以用户不会持续关注。

在我们正确地把产品、品类定位后，可以准确分析当前存在的竞争状态。在竞争状态分析中，最重要的是分析主要竞争对手就相同的产品或品类，他们是怎样描述他们的品牌内涵。而我们在这个过程中，应该积极寻求差异化，而不是比较在同一个诉求下谁优谁差。

■ 第二个维度：了解客户的详细信息

客户可以是消费者、用户。首先我们要了解客户的购买习惯。在抖音中即了解抖音用户的习惯。

研究目标用户，以及其分布、表征等一切信息。同时，我们还要注意用户是会改变的，他们的喜好偏爱随着社会趋势及竞争者强势的进攻将有所改变，我们应该时刻洞察这些改变和趋势，早于竞争者做出适当的调整。

抖音运营者可以寻找深层次有意义的用户洞察，从而帮助抖音运营者做出适当而独特的抖音运营定位。这包括对用户的价值观、消费习惯、承受力、观看抖音的时间，等等，都需要清晰透彻地了解。

■ 第三个维度：传播要注重与用户的交互体验

在抖音的定位中，传播就是指通过广告、公关等活动向用户传播统一、一致的品牌形象、信息，持久地影响用户而最终成为你的忠实粉丝的行动。

在广告界，已经有越来越多的人相信，单纯的广告并不足以影响消费者，如何增加与消费者的互动、体验显得更为重要。

这在抖音上也是适用的。你必须要注重与用户的交互体验。例如与用户评论、私信互动，了解用户的喜好，给用户送上最好的体验。通过这种独特的传播方式来加强抖音的定位和运营。

■ 第四个维度：价值

这个价值主要是指用户的价值观和产品的价值要一致。

产品和服务的定位及其自身的价值与用户的价值认知系统必须要一致。中国人一般认为价格高就是品质高，所以定价在中国是一个非常敏感而关键的问题。为什么很多进口品牌的定价与产品质感都很好，因为它们较容易使用户产生较好的体验。

在抖音运营中，我们的侧重点就集中在了产品身上。你的产品一定要体现出一个独特、正面、积极的价值观。换句话说，你的输出内容要非常优质和精良。例如“一禅小和尚”，利用情感牌来戳中用户的内心，深入用户内心做抖音，这样的抖音价值就与众不同。

抖音小课堂：

熟悉品牌十字定位模型，然后根据该模型来定位自己的抖音。同时，还可以发现其他的定位模型，例如钻石模型，根据自己的属性来选择合适的模型专业定位。

■ 3. 如何精准细分抖音受众市场

首先要明确什么是市场细分？这是美国市场学家温德尔·史密斯于1956年提出来的。市场细分是指企业按照某种标准将市场上的客户划分成若干个客户群，每一个客户群构成一个子市场，不同子市场之间，需求存在着明显差别。企业只有设计正确的产品、服务、价格、促销和分销系统“组合”，才能满足细分市场内客户的需要。

我们打个比方，喜欢papi酱的粉丝和喜欢李子柒的粉丝是不一样的。喜欢papi酱的粉丝喜欢的是papi酱的干练、幽默、风趣。喜欢李子柒的粉丝喜欢的是她那种恬淡和自己动手丰衣足食的心态。这两个市场是不一样的，但是唯一的共同点就是她们都是网红。

在抖音运营中，你需要将用户细分为多个属性，如白领、学生、高层，等等。当然也可以按照地域、性别等来分。找到适合自己的群体和市场，你的定位就是准确的，那么你的运营就是成功的。

■ 了解抖音市场细分的类型

第一类，大众市场。

这类市场很好理解，大众需求的市场，通常指日常消费。对抖音运营来说，大众市场就是指那些没什么特别需求爱好的粉丝群体，他们只是为了从抖音中打发碎片化时间。

第二类，小众市场。

在抖音运营中，小众市场指的是你需要了解某一类粉丝群。这部分粉丝追求比较独特，喜欢一些小众的东西，不喜欢随大流，所以你的抖音运营就可以在这部分市场中有的放矢。

第三类，区隔化市场。

此时，如果市场中已有强势品牌“掌控”了全场，这时你就要和市场老大哥形成区隔，建立不同的目标市场和卖点。抖音运营也是如此，你做不到“野食小哥”，但是你可以做“野食小弟”。

第四，多元化市场。

一个商品同时面对几个市场，合起来就是多元化市场，当然，这几个目标市场之间，是有共性的。在抖音运营中，是指可以将拍摄的一段视频上传到抖音，也可上传到微博和微信朋友圈，如此多元化的上传和发布可以为你带来更多多元的粉丝。

我们要清楚做抖音市场细分的目的是什么？并不是为了获得巨大粉丝量之后就消失，而是为了以后长远的发展，例如变现、为品牌做推广等。所以要根据自己所处的短、中、长阶段，制定不同的战略组合打法。

在抖音定位中，我们必须要了解自己处在哪个阶段。

短期来看，细分市场的目标就是突围战，必须要快速建立自己的影响力。

中期来讲，升级突围战，需要要和抖音中那些已经成功的且具有一定影响力的抖音号做正面交锋，如果战胜对方，那么你就能更快上位。

长期打算，持久战。这时你的抖音运营一定要与已经形成的价值观理念相吻合，只有价值理念，才是一个抖音品牌坚不可摧的基石，这个过程做下来了，也就奠定了自己在市场的地位。

■ 细分抖音市场的步骤

第一步，主动跳出竞争找市场。

作为抖音运营者，如果你盲目跟在大抖音号的屁股后面，就很容易陷入对手的陷阱之中，最终被同质化，成为对方的附属品。

因此我们尽量避免和对手正面交锋，要主动跳出竞争找市场，建立自己的战线，掌握主动权。比如你做的是PPT培训的抖音号，你不需要和那些大号一样发布PPT的常规做法，而是要针对场景发布PPT的制作，例如会议、课件的PPT设计等。

第二步，以解决需求为落脚点。

运营抖音需要有一个实际的落脚点，这个落脚点一定是用户的需求点。例如很多做装修的抖音号，他们的落脚点就是如何在视频中告诉粉丝装修房屋的方法。

第三步，树立抖音品牌文化理念。

但凡是大品牌，都有自己的品牌理念，没有理念的品牌，是不能长远发展的。做抖音也是如此，虽然只是发布短视频，但是也要有明确的规划，加以清晰正面的理念，才会获得用户的长久拥护，让粉丝有一种归属感和荣誉感。

抖音小课堂：

给自己一个清晰精准的细分定位，分析自己的粉丝属性，然后输出符合粉丝需求和意愿的内容。

4. 如何根据粉丝需求来定位

无论你是做什么类型的抖音，都离不开粉丝。俗话说："得用户者，得天下。"抖音引流也是一样，在定位时，必须要顾及用户的感受和需求。在这方面，我们看一下"神奇心理学"的做法。

"神奇心理学"是一个企业抖音号，是好好学习的官方账号。它根据品牌调性、消费者需求和平台机制，精心制作了一些符合用户需求的相应内容，并加以抖音平台时间流投放。

打开"神奇心理学"抖音号，会看到企业推送的各种关于生活中的心理学和一些实用的心理学效应内容。"神奇心理学"在抖音精心制作了每一期内容，吸引了众多用户围观。

我们以"神奇心理学"发布的一条抖音短视频为例：

这个内容是"一个法则告诉你如何与人打交道！成为沟通高手。"

视频内容是："'南风法则'源于法国作家拉·封丹写过的一则寓言：北风和南风打赌，看谁能把行人的外衣脱掉。北风力量强劲，可是刮得越猛烈，体感越冷，行人们反而把大衣裹得越紧。而南风则徐徐而吹，轻柔温暖。行人们越走越热，最终自觉地脱掉了大衣。南风之所以能够达到目的就是因为它自觉顺应了行人的内在需要，将人的行为变成自觉。'南风法则'告诉我们在与人打交道或者办事情的时候，用温和的方式比生硬的方式更容易提高办事的效率。在与人相处时，用友善体贴的方式会比强悍冷漠的方法更易俘获他人的心。凡是有沟通的地方就有情感发挥的余地。只要你懂得这个道理，情感就会在你的人际沟通中助你一臂之力，让你轻易地征服对方。"（见图2-4）

图2-4　“神奇心理学”抖音内容

这个短视频的主要内容是讲述“南风法则”对生活中人们社交沟通的帮助。“神奇心理学”还将此短视频加入了#情商和#社交女王的话题。“神奇心理学”在视频中给粉丝呈现出了社交中应该如何做的方法。粉丝纷纷点赞留言。这种方式也的确迎合了用户对社交的需求，给粉丝带去了非常有见地性的参考。

总之，用户需求的，就是你的定位所在。所以做抖音定位时，一定要站在用户角度，不能不顾粉丝需求，而自娱自乐。

■ 满足用户实际需求的定位

很多抖音为什么能够火？就是因为这些抖音满足了用户的需求，解决了用户的难题。当然，这需要抖音运营者贴近粉丝的生活，发现粉丝在生活中的实际难题，然后在抖音中加入解决方案，给抖音粉丝带去福音。这样的定位，一定可以为你引流无数。

例如“小船PS教学”这个抖音号，在抖音中就针对用户修图、做证件照、做海报等问题来满足了用户的需求，给粉丝介绍了多种多样的快速修图方法。

方法简单操作且粉丝还可以在评论中留言寻求课程，这样的抖音号着实获得了一大批潜在粉丝。

■ 定位对准年轻女性粉丝

抖音之所以会火热，与它的粉丝群体是离不开的，实际上这类的短视频平台网站，其粉丝多为女性。换句话说，我们在做抖音定位时，要抓住年轻女性群体来做展开。

阿迪达斯的“Adidasneo”抖音号曾经以明星迪丽热巴为主角做了一个时尚搭配的短视频，吸引了大量女性群体的喜爱。还有美图手机的抖音号，也大都是针对年轻女性的需求来做抖音，给大家推送更多美图信息和功能。

■ 发现用户需求的方法

用户的需求从哪里来呢？抖音运营者必须要学会的两种需求分析方法：

第一，场景分析法。

我们可以按照年龄、地域维度、行为属性等给粉丝群划分等级。然后用一张图的方式按照场景来分析一些粉丝群的需求。

在图中，纵向坐标轴是用户的角色：如白领、学生、工人等；横向坐标是时间轴：一天24个小时（见图2-5）。

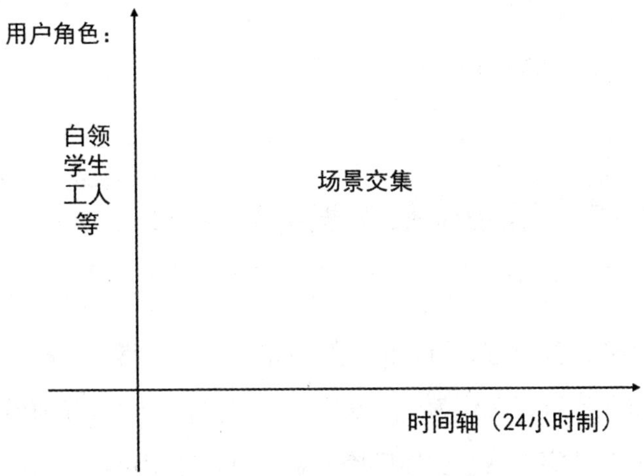

图2-5　场景分析法图标

然后在24个小时里，观察这些角色在每个时间段会发生的事情，我们称之为场景。通过坐标系寻找中间的交叉点，再进行粉丝的行为划分。例如很多抖音号会在晚上黄金时段向粉丝推送热播剧、好书等。因为他们了解到大多数的粉丝在晚上黄金时间段有看电视、阅读的习惯，从而获得这种需求信息，针对这个需求推出了一系列的抖音内容。

第二，数据分析。

以电商为例，企业会通过后台的数据发现用户需求。当然，这需要一层一层转化，从中找到用户触达，到达首页，到商品详情页，到付款的详细数据。抖音也是如此，抖音用户可以通过自己的抖音数据来观看点击量和评论量。还可以下载第三方数据软件来观察粉丝的需求。通过以上方法聚合信息就会精准发现粉丝需求。

抖音小课堂：

调查身边喜欢抖音的人，“跟踪”他们一天的时间，发现他们在不同场景、时间段的需求和爱好，做出一个针对用户需求的抖音定位报告。

5. 如何根据市场稀缺做差异化抖音

打开抖音，数以百万粉丝的大号有很多。如同微博一样，千万粉丝的大咖更是比比皆是，作为一个从零开始的抖音号，该如何做到百万级别的大号呢？其实，这时候你应该注意一点：在定位时，要从市场稀缺出发，寻找差异化。

■ 找到你的不同之处

首先，你需要找到差异化的入口，这需要你的抖音符合下列几个条件（见图2-6）。

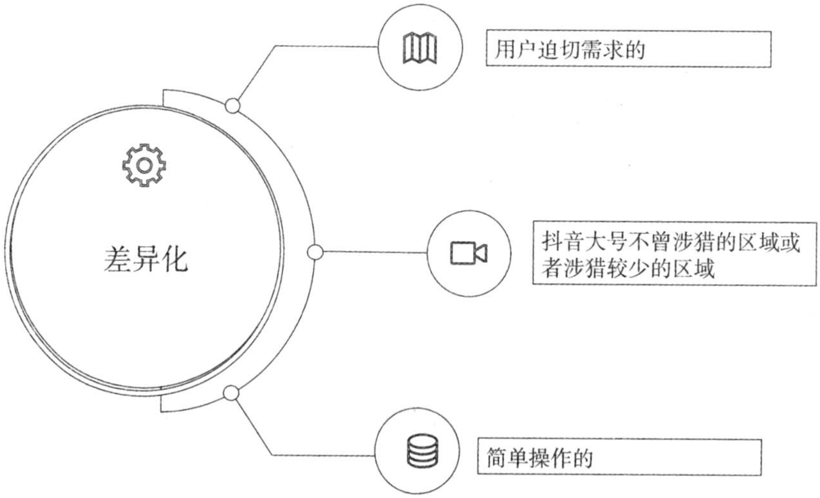

图2-6　差异化入口的几个条件

在这方面，在抖音中“歌斯拉”就是一个很好的案例。在抖音中不乏有很多抖音号做音乐，那些做得好的音乐抖音号，大都是因为两点：推荐热门流行歌曲、小年轻出镜等。

但是“歌斯拉”不一样，他在分析了一些音乐大号之后，从中发现一个缺口，那就是很少有音乐号定位在一个小区域里。于是“歌斯拉”推出了一系列的小区域抖音音乐短视频，他的抖音主推的是港台乐坛经典金曲。

这些歌曲大部分都比较老且怀旧，但是由于区域划分明显，针对的港台乐坛金曲，所以引发了一大批怀旧热潮，一大批粉丝纷纷袭来。

“歌斯拉”的做法就符合差异化的定位，不与大号争潮流，而是开辟一个专属的区域通道。在这个区域中展开个性化、差异化的推送，吸引的是某一类区域的粉丝。这样的粉丝黏性也会很高。

■ 抢占行业稀缺资源

追求市场份额永远是一个战术性的目标。你一定要知道自己在使用各种策略抢占市场份额的最终目标是什么，应该是获取市场里的稀缺资源。举个很简单的例子，比如旅游行业的稀缺资源就是酒店的房间资源。

作为抖音运营者应该如何在定位时获取市场稀缺资源呢?

第一，先定位在恒定市场。

什么是恒定市场？恒定市场，在这里的意思是指持续恒定的一个市场模型，即这个市场的变化并不大，不会出现突然的高效增长。

当我们在分析竞争对手时，需要把自己定义在恒定市场中。在那些高速运转的市场中就算你是老大，但是风险却很高，一旦市场发生变化，突然加速，或者玩法发生转变，那么整个行业也会发生巨大变化。

很多抖音运营者总是把自己定位在一个变化飞快的市场里，如此一来，市场潜在的竞争者空间也会非常大，而且仅凭单一的抖音运营，很难掌控整个变化多端的市场。

第二，从恒定市场中夺取稀缺资源。

对抖音号来说，具体的做法是：

（1）了解你本身所处的行业，并了解它的发展前景。

（2）将自己定位在一个相对恒定的市场中，并且从这个恒定市场中出发去寻找在这个行业里难以规模化的稀缺资源。最后，规划路径想办法实践市场的规模化来获取行业内的稀缺资源。

举个例子，一个做美发的抖音号，一开始要先了解自己的行业，并且在潜意识里明确依靠抖音做美发最终得到的是什么？（目标：如知名度、品牌宣传等。）然后把自己放在一个美发抖音的市场中，观察大家都是怎么做美发抖音的，自己在一开始也要这样做，积累粉丝，获得流量，但是不要太快跳跃。最后，抖音号在恒定市场中做视频时，还要特别注意观察和分析，时机到了之后规划好策略进行获取恒定市场内的稀缺资源，了解应该如何找到突破口重新定位自己，然后加上之前的积累，这样就很容易一炮而红。如可以推出以儿童发型设计，这样的稀缺点很可能会在抖音中形成很大影响。

如此一来，你的抖音发展才能够有足够宽广足够深的护城河，也不会给竞争对手留下太多发展空间。

抖音小课堂：

找到自己所在的恒定市场，然后在恒定市场做普通短视频运营，积累粉丝的同时，不忘和粉丝互动，了解粉丝需求，然后找准时机抓住同行稀缺资源，用这个切入点来做差异化抖音运营。

6. 如何打造一份有价值的竞品报告

在抖音的定位中，我们还需要一种方式，那就是竞品调查。通过竞品调查，得出一份有价值的竞品报告。通过这份报告来观察和了解竞品的做法。

■ 一份竞品报告的定位价值

做好竞品分析，可以让我们及时了解对方的发展，例如当我们发现竞争对手新开辟了一个细分市场时，这对我们来说很可能是一个发展机遇，可采取跟进的策略，同分一杯羹。但如发现竞争对手开始侵入自己的细分市场领域，那么这就意味着自己将面临新的竞争与挑战，需要提前对该市场进行布局，不打无准备之仗。

所以对任何一个想要运营抖音的人来说，竞品报告都非常有意义：

第一，竞品犹如一面镜子，可以从中看到自己以后运营发展的目标和方向。

第二，通过竞品报告发现竞品的优势和劣势，并做出分析。

第三，通过分析竞品报告，全面了解竞品的运营策略、运营能力。

第四，根据自己的能力和资源制定出符合自己抖音运营的方案。

举个例子，假设你的抖音号拥有10万粉丝，其竞品对手也拥有同等数量级的粉丝，这说明在这个领域内的抖音运营都还处在培养用户的初期阶段。这时，你所做的应该是和竞争对手一样加大投入力度，通过宣传和营销将你的抖音号推到更多潜在粉丝面前。

然而当过了一段时间之后，如果对方的粉丝数量从10万上升到了100万，这说明该区域的抖音运营爆发带动了粉丝的增长。在这期间你需要做的是调查竞品，然后分析对方的新做法，不断优化自己的短视频和内容，来获取更多的粉丝。

通过抖音竞品分析和调查，还有一个重要目的，那就是调整自身的发展运营策略。如果你分析出来的数据可靠且稳定，那么根据相关数据信息就可判断出竞争对手的战略意图和最新调整方向，通过采取相应的措施能够保持自己的运营在抖音的稳定性或快速提升流量池占有率。

■ 做一份竞品报告的流程

了解了竞品分析的价值之后，接下来就要做一份优秀的竞品报告（见图2-7）。

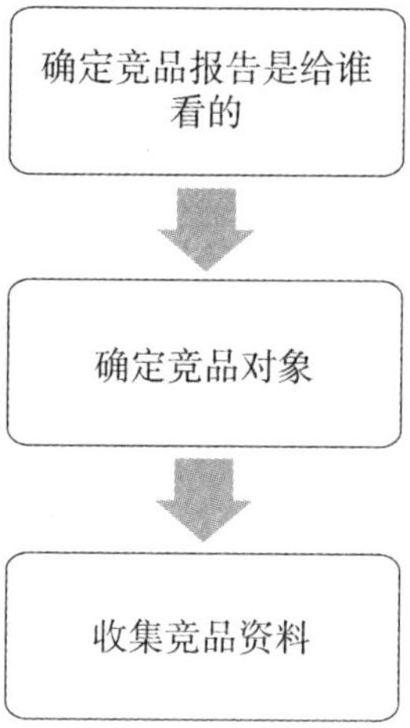

图2–7　竞品报告流程

（1）确定竞品报告是给谁看的。

首先我们就要明确分析报告是给谁看的，例如领导、运营总监、产品总监、设计师，还是其他人员……这可以帮助我们灵活选择分析方法，并制定合理的分析计划。

（2）确定竞品对象。

选择竞品对象时，可以按照同行业内产品在细分市场的服务重叠程度树立竞品层级，如直接竞品（核心）、间接竞品（一般）、潜在竞品，这样就能够更合理地挖掘竞争对手，并树立长期跟踪分析机制，以此来把握市场、对手的发展动向及潜在危机。

（3）收集竞品资料。

在收集竞品资料时，还要避免角色代入和主观的选择性收集，我们要秉承客观性、准确性来展开行动。

在分析阶段中，重点和核心问题就是找到竞品分析的关键点。

包括下面的内容：

市场分析关键点：行业发展现状、市场分布、盈收情况等。

商业模式关键点：竞品的运营策略、盈利模式、布局战术、发展战略等。

产品策略关键点：竞品的产品定位以及目标、目标用户特征、核心功能、痛点需求。

这就是一个完整竞品分析报告的思路流程和方法。事实上，竞品分析是一个长久的过程，不同的抖音运营者在做竞品分析报告时，都应该根据自己的运营特色找到符合的竞品来精细化分析，对产品进行重点剖析，合理制定竞品分析的计划，不能盲目笼统分析。

抖音小课堂：

根据自己所在的抖音领域，打造一份有价值的竞品报告。

第三章

输出：十种内容类型总有一种符合你

抖音是一个内容型短视频平台，因此，内容才是其最大的砝码。内容型产品的排它性非常强，换句话说，粉丝很少在手机上同时安装两款同类的产品。在观看抖音时，也是如此，同一个领域的，粉丝也往往只关注最厉害的那一个。所以，粉丝只要认同了你的内容，就会成为你的忠实粉丝。因此，我们必须要拿出高水准的优质内容，才能俘获粉丝的心，这也是本章的核心。

1. 为什么"小年轻"跳的舞步那么受欢迎

在抖音的内容中，舞蹈是一个常见的类型。音乐和舞蹈可以说是抖音的灵魂，也是抖音最开始火爆的引子。因此，歌曲+舞蹈的内容类型在抖音上永远都有市场。

在抖音上，有一个"Varey顾杰威"的抖音用户，用舞蹈俘获了160万粉丝的心。截止到2018年10月初，他的抖音点赞累计1515万。他发布的每一条视频都与舞蹈有关。"Varey顾杰威"本身就是一个90后的"小年轻"，喜欢音乐和舞蹈，极度热爱跳舞，抖音给了他展示的机会和平台。

他的每个视频内容几乎都有几万点赞（见图3-1）。为什么他的视频那么受欢迎？我们针对他的视频，来分析一下如何才能让自己的舞蹈视频大火。

图3-1 "Varey顾杰威"的抖音每条点赞都在几万以上

■ 在剧情中展示舞蹈

“Varey顾杰威”的舞蹈视频之所以会火，是因为他在有剧情的内容中加入了舞蹈。这样做的好处是可以引导粉丝在剧情中欣赏舞蹈，让粉丝沉浸其中，不会产生走马观花的效果。

“Varey顾杰威”有一个短视频是这样的“我就吃个甜筒，居然偷拍我！”视频中，“Varey顾杰威”在广场上一边散步一边吃甜筒，这时候发现自己被人偷拍，然后就毫不犹豫地跳起舞蹈来。这种方式给偷拍者来一个措手不及，同时也展示了自己的精彩舞蹈，获得了一大批点赞。

因此，我们想要在舞蹈视频中获得粉丝的点赞，也可以按照这种方式来操作。给你的舞蹈提前编排一段剧情，随着剧情深入，引出舞蹈。

■ 舞蹈类型要多变

很多小年轻也喜欢在抖音上展示跳舞，但是为什么粉丝量达到几十万之后就不再涨了呢？这其中主要的原因是舞蹈的类型太过单一。

有些抖音用户只在抖音展示一种舞蹈，这样给对方就会带去一种一成不变的感觉。粉丝的审美会在你这里感到疲劳。因此他们就会转移到其他的抖音号身上。因此，你的舞蹈需要多变，给粉丝定期带去视觉冲击力和刺激感。

“Varey顾杰威”就是这样。他不但在抖音上展示轻柔的舞步，还会展示火爆的舞蹈，也会有剧情的舞蹈，还有合拍舞蹈，等等。

■ 角色代入的舞蹈内容

在抖音舞蹈内容中，你还可以在舞蹈中加入角色。换句话说，你要用一些既定的角色来跳舞，制造个性化和独特性。“Varey顾杰威”在一次抖音视频中是这样做的：和一群男伴舞穿上保安制服，“Varey顾杰威”作为领舞者，带头挑起了“保安舞”。该条抖音的主题是“按你们说的：一群保安在跳舞。”这条视频获得了1．1万点赞。

当我们一成不变地跳舞时，那些百万粉丝的抖音号早已变换了多种角色来展示舞蹈。也许你们跳的舞都是一样的，但是由于角色的不同，其他人的舞蹈就会更加有吸引力。这也是很多人应该学习的。

■ 跳舞者的个人形象很重要

无论是小年轻还是年轻女孩子跳舞，都应该注重个人形象。“莉哥o3o”就是最好的例子，她的特长就是歌曲+舞蹈，凭借甜美的长相和优美的舞姿，她获得了几千万粉丝青睐。

跳舞者的个人形象需要符合几点（见图3-2）。

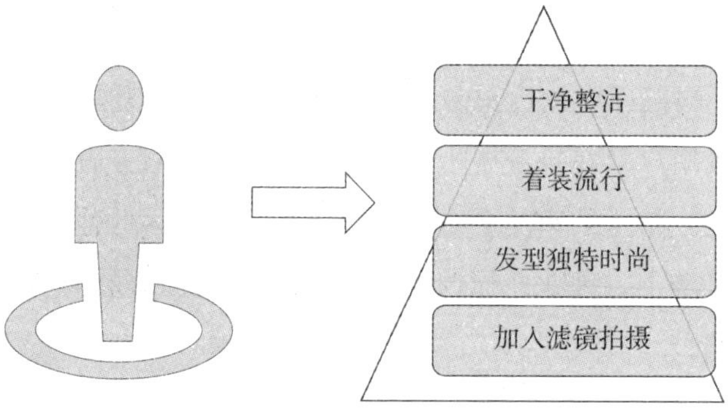

图3-2　跳舞者的个人形象要求

有了这些之后，你的舞蹈视频也可以成为抖音粉丝点赞的对象。

抖音小课堂：

在观看小年轻抖音的同时，不要只欣赏他们的颜值，更多的是观看为什么这些小年轻的抖音有那么多粉丝，特别是那些又跳又唱的小年轻。同时，还要观看他们的评论，了解他们与粉丝的互动。

2. 为什么让人笑喷的段子更容易火

抖音上有很多让人疯狂转发的幽默段子，这些段子往往是节选的一些影视剧、小品上的段落。然后搭配一些幽默的场景来表达。这样的方式也很好地可以获得点赞。

■ 反映现实生活的段子

很多段子之所以会被大家疯狂转发和点赞，是因为这些段子在很大程度上反映了现实生活。例如2018年6月在抖音上很火的一个段子是这样的："你问我为什么没对象？有才华的长得丑，长得帅的挣钱少，挣钱多的不顾家，太顾家的没出息，有出息的不浪漫，会浪漫的靠不住，实在是没法找！"

这个段子着实反应了一大批现实中男女的实际问题。虽然很肤浅，但是却能表达出一部分人的心声。因此，这样的段子会格外获得好评。

■ 揭露"小秘密"的段子

有些段子会火不是因为多么有内涵，也不是因为有什么稀奇的地方，而是因为揭露了一些生活的"小秘密"。

例如"表情包工厂"抖音号曾发布了这样一个段子视频："你身边

有这样的朋友吗？”

内容是这样的：“如果你发现你身边有这样的朋友：哪都不想去，哪都不爱去，不想和谁玩，看谁都很烦。别担心，他不是生病了，也不是失恋了，多半是没钱了。”（见图3-3）

图3-3“表情包工厂”的段子抖音

这个视频在短时间内获得了88万点赞，转发12万次。评论中大多数人回复：“多么痛的领悟啊！”

这样的段子往往具有三个特征：

总结性强：可以将生活中的一些“小秘密”简而言之地总结出来。

语气嘲讽：使用戏谑嘲讽的语气说出来，更让人引发共鸣。

配图幽默：配上一些幽默搞笑的图片激发人们的关注点。

■ 转发一些经典段子

想要通过段子内容火起来，我们还可以发布一些经典的段子。例如去经典影视剧、书本、综艺节目中寻找素材。还可以直接转发他们的视频。这样的方式需要我们后期做好编辑加工，否则会涉及版权问题以及推荐量过低情况。

■ 利用经典影视剧小品的配音来完成搞笑段子

抖音中有很多经典配音的内容，用户可以根据配音场景来模拟现场，然后后期加入声效即可。这样的方式可以让更多的粉丝有代入感，同时还能感受到浓浓的表演风。

■ 土味情话段子

抖音上还流行一大批的土味情话，人们在观看时，被一开始的戏谑和调侃而开怀大笑，却为最后的温暖而感动。例如：

"喂，你在干嘛呀？"

"我玩游戏呢。"

"你能帮我洗个东西吗？"

"现在没时间啊。"

"哎呀，你帮我洗一下嘛。"

"那我现在过去找你啊。"

"你怎么不问我洗什么呢，衣服还是鞋子？"

"那你让我帮你洗什么呢？"

"洗……喜欢我啊。"

怎么样？这样的土味情话你还接受的了吗？类似这样的还有很多，只要你选择好拍摄场景，然后加入对白，就能表达出粉丝喜欢的段子。

抖音小课堂：

多观看一些搞笑的抖音大号，然后仔细观看几个点赞最高的视频，模仿其中的幽默片段，自己拍摄一个类似的搞笑视频，观看其点赞和粉丝反应情况。

3. 为什么才艺表演更出众

在抖音上，有一种内容非常有机会火爆起来，那就是才艺表演。

很多人在抖音上弹琴弹出了“百万抖音号”；画画也画出了绘画界的网红；唱歌唱成为了明星……因此，只要你有出众的才艺，就可以在抖音上俘获粉丝的心。

在抖音中有一个昵称为“简笔画”的抖音用户，他发布的短视频画风清新，借助生活中常见的一元硬币、糖果以及数字等，巧手绘制创意简笔画，数次登上抖音推荐榜。

这位短短数月收获大量粉丝的新晋网红“简笔画”，正是90后男生楼飞超。截止2018年9月底，“简笔画”的抖音粉丝已经超过212万，给他点赞、与他互动的人不计其数。

楼飞超出生于1997年，大学毕业后来到诸暨一家互联网企业上班。无意中，楼飞超看到有朋友在玩抖音，于是也申请了账号，开始在抖音上发布自己画简笔画的视频。

没想到，一个简单动作却改变了楼飞超的生活，他借助一元硬币做模子，画出了一只可爱的哈士奇，一段10秒钟不到的视频，几天之内就获得了8万多人点赞。这让楼飞超在抖音上一下子“火”了，许多粉丝每天“催”着他更新视频。

在一个“刀”字上简单画上几笔，成了“刀”的图形；在纸上按下几个指纹，画成姿态各异的小人；用几颗彩虹糖当道具，画一只乘着气球的兔子……在楼飞超的短视频中，人气最高的一个视频内容是将单词“CAT”，他仅用几笔就画成一只可爱的小猫。这个视频点击量达到5600多万，点赞超过152万，楼飞超在那两天就涨了30万粉丝，4000多人给他留言，称赞他奇妙的画法（见图3-4）。

图3–4　“简笔画”将单词“cat”画成小猫的短视频

对于这个点击量，楼飞超自己也十分惊讶，没想到简笔画视频会如此受欢迎。实际上，关注“简笔画”的抖音粉丝大都是年轻人，特别是一些孩子家长、幼儿教师等。他们学了之后，还可以回去教小朋友画，这种事情本身就极具意义。

对于“简笔画”的成功，我们完全可以理解，才艺表演才是抖音真正需要的有价值的内容之一。

■ 将才艺创作过程发布抖音

有一种方式可以让你的才艺表演更加出众，那就是发布才艺创作过程，例如“简笔画”这样，将绘画的过程拍摄下来，发布到抖音。

抖友看到之后首先不会怀疑你是假的绘画，而且也会观看到整个绘画的过程，为你点赞。

与此类似的还有“九匠小老师”一个绘画美男子，他也会在抖音上发布自己绘画的创作过程。有一条视频，是“九匠小老师”为了特别感谢自己78万粉丝而拍摄的。这条视频的内容是：“78万粉了，特意为大家拍摄的画画特写镜头谢谢你们的支持与肯定，给了我动力。”这条视频用特写慢放的方式呈现给大家，获得了83万点赞（见图3-5）。

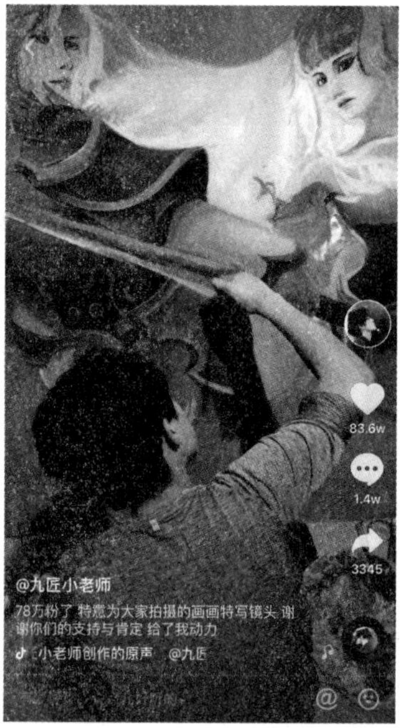

图3-5 “九匠小老师”的绘画特写过程

才艺创作发布时，需要注意几点（见图3-6）。

图3-6　才艺创作发布视频时，需要注意的问题

■ 持续更新才艺表演

想要展现更好的才艺创作，你必须要持续更新发布视频。如果你只是发布一条，很可能会流失粉丝，粉丝需要的是持续关注，需要的是持续的新作品。因此，你必须要坚持至少每天发送一条来维护粉丝。就算你没有创作，也要发布一些与创作有关的视频内容，这样才能更好地与粉丝互动，留住粉丝。

抖音小课堂：

审视自己有哪些才艺优势，找到这个才艺将其放大呈现在抖音上。当然了，如果你没有才艺，你可以寻找身边有才艺的朋友，将他们创作的过程拍成抖音发布。

4. 为什么宠物类内容更容易成为爆款视频

抖音上不仅有各种多才多艺的小哥哥小姐姐，还有很多可爱的小动物。在抖音上做宠物的抖音号也非常多，而且一旦找对了方向，输出的内容够优质，其火爆程度难以想象。

下面我们挑选几个做的最好的抖音宠物主播，看一下他们是怎么做的。

■ 会说话的刘二豆：将宠物赋予人格化

在抖音上拥有4300多万粉丝的“会说话的刘二豆”，可以说是真正的网红了（见图3-7）。

图3-7 “会说话的刘二豆”抖音号主页

她的视频是宠物+声音+场景。换句话说，赋予动物人物角色，让动物说话，然后拍摄再加后期配音。“会说话的刘二豆”的短视频非常幽默、可爱，让人不自觉就沉迷进去。

视频中的两只猫一只是主角叫二豆，一只叫瓜子，两只猫每天日常斗嘴的过程全都是主人后期配音加上，逗得大家哈哈大笑。这种视频不但极具创意，而且将生活中人们经常出现的场景加在两只猫的身上，更富有趣味性。

我们也可以借鉴“会说话的刘二豆”的做法。将自己的宠物赋予人格化，加以后期配音，结合各种场景，营造故事化，吸引粉丝关注。

■ 金毛蛋黄：真情感动粉丝

“金毛蛋黄”是一个专业做宠物的抖音用户。视频的主角是一只温暖善良，惹人喜爱的金毛犬。大家都知道金毛的个性就是温顺。所以主人抓住了这一点特色，结合了一些场景，拍摄了一幕又一幕的温馨生活场景（见图3-8）。

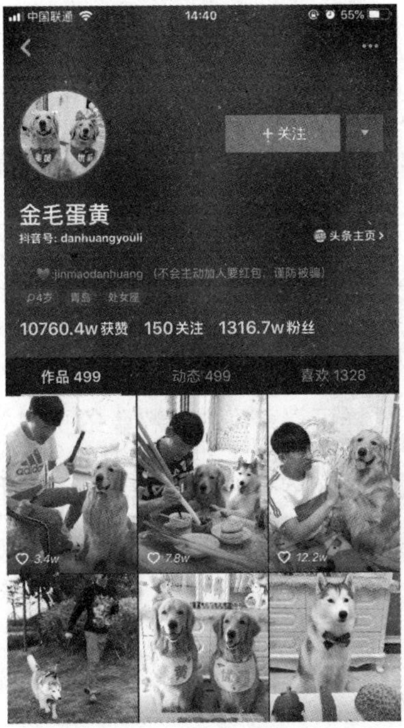

图3–8　“金毛蛋黄”抖音号主页

例如这只狗狗在主人生病期间照顾主人的片段；和主人一起分享美食的片段；给主人递雨伞的片段……期间虽然有一些笑话，但是最终都会让粉丝温暖一笑，感受到金毛犬对主人的那种最无私的爱。

这样的抖音宠物内容主要的方式就是以真情感动粉丝。前提是要抓住自己宠物的特点，尤其是那些温顺的动物，然后放大这一点，做出一些打动粉丝的视频。

■ 可爱的小宝贝：以可爱赚足眼球

“可爱的小宝贝”这是一个非常个性化的抖音宠物号。通常情况下的抖音宠物号，都是主人养的一只狗（猫）或者两只，但是这个抖音号却是好几只。由于主人养的小型纸杯宠物，所以带着狗狗到处去玩。

在视频中我们可以看到主人带着几只小狗去旅行、去上班、去吃饭的场景，可以说在任何场景下都是人见人爱，赚足了眼球。

这个视频也给我们一种启发：在拍摄宠物视频时，可以多拍摄一些宠物，然后带着宠物在各种场景下“展示”，吸引大众的目光，甚至制造一些小“轰动”，这样可以引发抖音粉丝的更多关注。

无论是哪种类型的宠物内容，都应该秉持一种理念，那就是保持宠物的本性，尽可能展现宠物的可爱、温顺和幽默之处，这样才能吸引人们的关注。

抖音小课堂：

捕捉身边的一些小动物，然后用心对待它们，将它们最美好的片段拍摄下来，经过后期加工制作，上传到抖音。

5. 为什么“跟着抖音游××”那么盛行

有多少人每次打开抖音，都会想要去重庆感受18层平地的概念；想去厦门坐全国第一条海景地铁；想去西安喝摔碗酒；想去哈尔滨吃胡同里；想去烟台养马岛看清澈见底的海……总之，每一个你都想去。

这就是抖音的魅力。各地方旅游机关也联合抖音，在抖音上定期推出一些挑战和话题“跟着抖音游××”。这类活动吸引了很多人的参与和关注。为什么这类内容那么盛行呢？很多抖音号甚至因为关联这些话题，拍摄的旅游视频非常火爆，有些一夜之间成为“网红”，跟抖音平台签约，成为旅游达人。

■ 拍下当地最特色的风俗

想要在“跟着抖音游××”中发布的视频点赞过百万，必须要拿出一些绝活，也就是拍下当地最具特色的风俗。用这些独特的风俗来吸引粉丝的好奇。

例如“跟着抖音游西安”中有一个抖音号发布的关于摔碗酒的视

频，吸引了百万点击。

这个视频中出现了一个地方：永兴坊。摔碗酒就是这里的一个特色。摔碗酒原本是陕西南部岚皋县接待尊贵客人的一种仪式，游客在将米酒一饮而尽后，把碗口向下重重一摔，寓意“碎碎（岁岁）平安”。

在这个抖音中，抖音用户给大家呈现了一个豪放的“摔碗酒”的过程。喝完之后，将酒碗“狠狠”地摔在墙上，酒碗破碎的感觉仿佛摔掉了所有的忧愁和烦心事。

因为这个抖音，这家永兴坊的摔碗酒吸引了来自全国各地的人接踵而来。甚至火热到想要摔上这只酒碗，光排队至少需要半小时以上。

与此类似的还有“跟着抖音游厦门”中一位抖音用户拍摄的海景地铁，也吸引了大量粉丝关注。这是全国第一条海景地铁，穿越了一座城，跨越了一片海，去厦门一定要感受一次穿越大海之旅。这种感觉类似日漫《千与千寻》中的海上小火车。抖友纷纷留言：“哇，这真的是一条能看海的地铁呢，太梦幻了。”

还有“跟着抖音游重庆”中重庆2号轻轨线李子坝站，一名抖音用户拍摄了一个“轻轨穿楼”的短视频，吸引了大量粉丝前往重庆感受“轻轨穿楼”的奇景。

■ 拍摄当地特色美食

想要在“跟着抖音游××”中输出一个优质的内容，除了拍摄当地特色风俗之外，还要拍摄当地的特色美食。现代年轻人通常情况下，去一个地方游玩，除了当地的美景，最重要的就是要享受当地美食。

因此，在这些话题中，拍摄当地的特色美食，可以很好地吸引粉丝。

例如“跟着抖音游西安”中，一位网友专门拍摄了西安的美食：羊肉泡馍、腊牛肉夹馍、凉皮、姜糖等。民间特色的美食小吃深深地吸引了大量抖友蠢蠢欲动的心。很多人甚至跟随着抖音用户的指引，前往当地最地道的小吃街寻觅美食。

在“跟着抖音游厦门”中，还有一位抖音用户拍摄了一个独特的美食景象：一位卖冰激凌的雪糕小哥，该小哥不是简单地销售雪糕，而是会将冰激凌递到顾客手中，然后又以各种方式夺回，撩来撩去引人注目。这种独特的美食体验，也让很多人感到惊讶和好奇。

在“跟着抖音游重庆”中，抖音用户拍摄的美食抖音短视频就更多了。大家都知道重庆的美食是非常出名的，所以，拍摄重庆美食可以有更多的选择，例如主角可以是火锅。火锅，绝对是一种让人欲罢不能的存在，这种又麻又辣的美味，搭配上牛肚、鸭肠、黄喉、老肉片。再喝点小酒，简直不要太过瘾。这样的内容也频频引发了人们前往重庆吃火锅的欲望。

抖音小课堂：

在抖音发现并且参与最新的“跟着抖音游××”。

6. 为什么搞笑的内容会大家被关注

抖音为什么会吸引那么多人关注和喜爱？因为每个人在抖音上都能找到快乐。在如今高压的生活环境中，如何来减压，获得快乐，便成为众多年轻人的追求。抖音每天更新海量的内容中，总有一些内容可以为粉丝带去快乐。这样的内容就是恶搞的幽默搞笑视频。

恶搞是减压的好内容，可以说非常符合抖音用户的定位。试想一下，白天忙碌了一天的你，晚上回家打开抖音，看看那些减压恶搞的视频，是不是能让你开怀大笑呢？的确是这样，当看着那些让人捧腹大笑的视频时，你会觉得世界很美好，压力也会减小。

■ 铺垫+包袱，让人大跌眼镜

想要在抖音上获得好的口碑，你需要给你的视频在结构上做一个精致的设计。例如做好铺垫和包袱，这需要我们对视频加以强化。在这期间可加入一些元素来对铺垫进行强化，进一步“误导”粉丝。比如音乐、场景等对常见逻辑进行强化，让粉丝毫无防备。如此一来，当你后面将包袱抖出来时候，效果会更强烈。

同理，如果在拍摄视频进行抖包袱的时候，加入一些发笑的音乐背景、周围人的夸张反应等方法对包袱的效果进行强化，也可以提升和带动幽默的效果。

例如在抖音上有一个叫“鬼哥”的抖音用户，拍摄了一个恶搞视频。内容是，爸爸给妈妈过生日，从外面买了一个蛋糕，然后“鬼哥”大献殷勤，给爸爸拿东西，于是顺手将蛋糕放在了板凳上。收拾完桌子之后，他直接将蛋糕放在了桌子上，大家坐下准备拆蛋糕（铺垫）。

就在这时候，爸爸拿开蛋糕上面的盒盖，发现蛋糕不见了。蛋糕哪里去了呢？原来“鬼哥”在慌忙之中帮忙递蛋糕的时候，将蛋糕遗落在凳子上，只把蛋糕上面的盒子放在了桌子上。所以，蛋糕就这样被他一屁股坐下去了（包袱）。

在这个视频中，前面的内容让粉丝毫无预防，也全然不知道会出现这个结果，最终大家看到结果时，哈哈大笑。

所以，当我们在拍抖音视频的时候，可以掌握这个方式，对幽默元素进行结合应用。

■ 制造紧张感，营造反转气氛

一个让人爆笑，疯狂点赞和转发的抖音视频内容，往往都有一种常规的模式：人为地营造出一种紧张感，然后再制造出反转气氛，让粉丝爆笑。

例如，抖音上有一条这样的视频。

镜头这边，老公准备偷偷吓唬老婆一下，于是自己拿起老婆的化妆品，在自己脸上涂抹了厚厚的粉，还涂了口红。老公一副“妖娆”地走到卫生间，想要吓唬老婆。这时候镜头给了慢写，老婆突然转身，没想到却把老公吓倒在地。原因是老婆正在敷面膜，一张白色的脸，在白色的灯光下显得更加苍白恐怖。老公就这样吓瘫了……

在这个视频中，先是制造了紧张的氛围，然后突然出现了反转结局，让人们意想不到。这样的剧情反转是抖音粉丝非常喜爱的。

抖音最主要的使用情景是碎片化时间的消遣，恶搞内容则是承担这一目的的主力。当用户真的笑出来时，点赞行为就成为了顺其自然的一种奖赏表达。

无论是什么样的恶搞内容，都不是单纯地讲笑话。一个视频如果只是给粉丝讲笑话，粉丝是不会买账的。必须要通过行为、动作、场景等表达幽默，这才会给人代入感，并且更加富有生活化，更能让人发笑和点赞。

抖音小课堂：

多看几个搞笑的抖音号，然后尝试总结他们的方法、操作方式、段子来源、场景，做好记录，为自己输出优质内容积累素材。

7. 为什么戳中心窝的情感内容更长久

情感对每个人来说都如同软肋，是不可或缺的心灵需求。在抖音上更是如此，抖音更容易直观地展现情感，情感需求也毋庸置疑成为了粉丝们的刚需。情感类短视频已成为年轻群体寻求慰藉的出口，是具有高传播性、高粉丝粘性、高付费变现能力的品类，它们聚焦在年轻群体的情感状态。因此，我们在抖音的内容运营中，可以加入情感上的元素，直指人心，使粉丝产生强烈共鸣。

当然了，我们需要清楚，到底什么样的情感内容，在抖音上才会更受粉丝欢迎呢？答案是：戳中心窝、原创的情感内容。

■ 聚焦社会话题的情感故事更能打动人

在抖音中，我们可以通过社会话题来打造情感视频内容，以此加深粉丝的情感认知。这一类情感短视频多采用人物采访的形式，内容聚焦社会热点话题，通过展现不同的感情价值观，给观众新鲜的认知，比如对婚姻的看法、对前任想说的话、男女思维差异、留守老人、雨中温情，等等。

例如抖音中有一个很火的社会情感视频：一个解放军叔叔站在广场上，这时候天上下起了大雨。一个六七岁的小男孩撑着一把伞来到解放军叔叔面前，给他递上这把伞，想要为他遮雨。这个视频获得了上百万的点赞，深深打动了抖友。

其中也不乏猎奇式的人物专访和观点，例如旅行婚姻和筵席婚姻；丁克家庭和二胎家庭，等等。这类的短视频，仅从标题上就已经足够吸引人。这种与众不同的生活方式能给粉丝以启发，提供了多种可供参考的价值选择，不失为情感困顿时的出口。

在这里要记住一点，无论你的抖音内容是以哪种角度或者元素来探入话题，最终都要引入解决情感问题的方法，粉丝可以在多种答案之中各取所需。这种带有话题性的情感内容更像是“言之有理即可”的开放式答案，毕竟对于感情来说，从来都没有标准答案，但重点上引起人们的关注和热议。

■ 摘选那些经典的情感内容

人们对经典总是无法抗拒。抖音上有一种内容特别火爆，那就是情感摘选。这类的抖音号主要汇总那些经典电影台词、小说对白、现实中的故事，然后整理成为一个小视频，配上符合的音乐，打动了一批又一批深夜无眠的粉丝。

例如“情感信件”这个抖音号就是这样做的。他的抖音内容都与情感有关，他将自己整理的电影语录、经典对白汇总成为一个有主题的感人视频，赚足了粉丝的眼泪。

再比如，你还可以摘选一些经典文学作品中的语录，配合一些忧伤典雅的音乐背景来展示这种细水长流的情感。

■ 温馨场景下的感人事迹

那些轰轰烈烈、感天动地的情感故事似乎只有发生在电视剧里面。真正能够打动人心的则是生活中那些不起眼的小而美的情感故事。这些故事通常比较温馨，可以让我们看到生活的美好。例如在电梯里帮助孕妇留出位置的举动，在马路上搀扶老奶奶过马路的场景，在街道边偷偷将可乐瓶子塞进拾荒老人口袋里的行为……这些都能瞬间打动我们。

我们身边其实有很多类似的情感故事，只要你把他拍下来，就会凭借真情感来打动粉丝。

除了这些生活中实际发生的一些情感事件之外，我们还可以借助团队的力量来拍摄一些小清新的情感视频。例如 “校园回忆杀”“那些年追过的女孩”等主题的情感短视频，也更能获得抖音粉丝的喜爱。

如果你没有团队支撑，可以多观察周围的故事，用心记录生活情感，一样可以获得大量粉丝支持和喜欢。

此外，输出一些情感类的内容时，我们还需要选择合适的音乐背景。用熟悉、动人的旋律来打动抖友，会让你的情感更加深入。

抖音小课堂：

用心发现身边的美好事迹，然后拍下来上传到抖音，并且多参与抖音的一些正面积极的活动话题。

8. 为什么“黑脸V”的内容十个有八个转

还有一种抖音内容非常非常受欢迎，那就是玩转科技的创意视频。在这方面，最典型的代表就是“黑脸V”。

我们以“黑脸V”为例，来看一下他的抖音是如何做大的。

■ 打造个人神秘形象

打开“黑脸V”的抖音主页，截至2018年10月1日，他的抖音粉丝达到2619万，累计点赞1．5亿次。这些数字在抖音中是很骄傲的，来看一下，为什么“黑脸V”可以获得如此高的人气（见图3-11，下一页）。

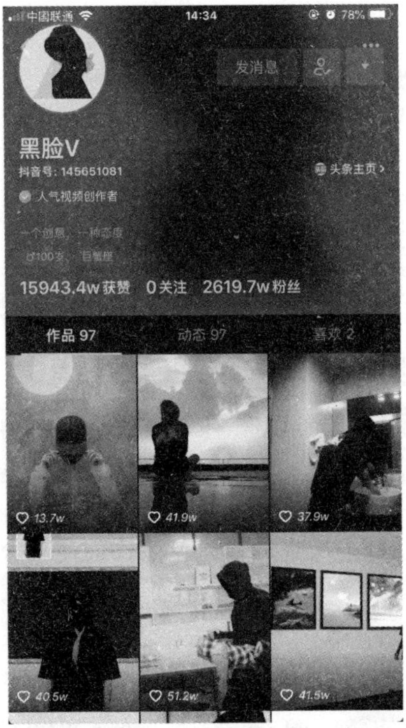

图3-11“黑脸V”抖音号主页

首先，他的视频非常具有科技化，而这要从他自身的形象说起。为什么他叫“黑脸V”，因为他始终穿着一身黑色帽衫，黑色帽子扣在头上，而且他使用科技将脸部遮挡，这样你永远也无法看到他的真面容。换句话说，没人知道“黑脸V”长什么样子。这样就自然而然地给人们带去一种神秘感。

只要提起“黑脸V”，人们就会把“神秘感”加在他身上。永远是一副酷炫的样子，身着时尚服饰，行为也十分个性，引发很多抖音小姐姐们的向往。为了一睹“黑脸V”的真容，抖友们不惜每天去“黑脸V”的抖音打卡，并留言催促更新、露脸，等等。

这种神秘的形象为“黑脸V”打造了独特的个人特色，也成为了他的标志。这也是“黑脸V”火爆的一个重要原因。

■ 倡导正能量的黑科技视频

了解了“黑脸V”的神秘形象之后，接下来就要进入正题，分析一下他的内容为什么那么火。

第一，创意十足。“黑脸V”在黑科技方面有独特造诣，他的每一个视频都流露出科技创意内容。例如随手一变，将一辆汽车变成一个模型装在口袋里。随手将一片空地变成花海。随便一个响指，把热气球布满天空，等等。

对于“黑脸V”的科技，一般使用的是AR或者PR软件来制作。当然，还有一些其他的软件，如EDIUS，或者非常专业的Premiere。当然，无论哪种软件，都需要你的努力学习和精进。

第二，“黑脸V”的视频大都倡导正能量。这也是为什么大家喜欢看他的视频的原因。如果只是为了炫耀技能，不可能吸引那么多人。因此，“黑脸V”抓住了当下的趋势，积极倡导正能量信息。

例如“黑脸V”拍摄了一个视频，标题是这样的：“绿色出行，蓝天白云。”

“黑脸V”想要出行，走到一辆汽车面前。网友以为他要开车。没想到，他一脚踹在汽车身上，然后汽车瞬间变成了一辆摩拜单车。“黑脸V”奔跑过去，骑上车，快乐地出行。这时候，网友仔细观看会发现天空也由一开始的阴霾变得围栏，不那么翠绿的树木也变得翠绿起来。”

这个视频获得了103万点赞，人们纷纷留言支持“黑脸V”，提倡环保。

再比如有一个视频内容是这样的：

“黑脸V”在逛摄影展，看到一组图片。左边一张图拍摄的是一组战斗机在天空中翱翔，似乎准备战斗。右边的图片是几只和平鸽飞翔在汪洋大海之上。

“黑脸V”在这两幅图面前停下来，随手一变，第一张图上的战斗机竟然飞了起来。再随手一变，第二张图的海洋上空的和平鸽也动了起来。再随手一变出现了“奇迹”：第二张图中的和平鸽瞬间飞到了第一张图，并且取代了战斗机。战斗机和阴霾的天空都一起消失了，变成了蓝天白云还有飞翔着的和平鸽。

这是“黑脸V”号召和平的创意视频。试问，这样的创意内容怎么能不火?

抖音小课堂：

学习创意视频制作软件，然后上传个性化科技视频。还可以借助一些外在的工具拍摄高端视频。

9. 为什么美食内容更容易上热搜

美食，是任何自媒体、媒介都不可或缺的一个部分，在抖音也是如此。抖音粉丝对短视频内容的挑剔越来越严重，特别是对美食内容的呈现。那些单纯地在视频中呈现美食的制作方法已经很难满足人们的喜欢。于是一些高品质的创新的美食视频就快速引起了人们的关注。最典型的代表就是“野食小哥”“办公室小野”“悠悠食坊”“喂谷美食记”等。

为什么人们喜欢这些抖音用户发布的美食内容？因为他们在抖音中抓住了粉丝的需求，用独特的方式呈现了美食。

■ 呈现家常美食的快速简单制作方案

我们以“喂谷美食记”为例，看一下，这个美食抖音号是如何将内容做大的。“喂谷美食记”最重要的一点是抓住了用户想要自己动手做出美食的需求。“喂谷美食记”深知现代每个人在饮食方面都有一个共同点：出去吃嫌弃油腻不卫生，自己做饭又觉得麻烦。

因此，“喂谷美食记”专门推出简单可口的家常美食做法。每一个短视频就是一道菜，用15秒的时间，告诉大家食材的量、需要的配料、过程（见图3-12，下一页）。

图3-12“喂谷美食记”抖音号主页面

可以说，看了“喂谷美食记”的短视频你就会成为居家能手，做出可口营养的美食。

当然了，想要做出“喂谷美食记”这样的美食，还需要注意几点：

（1）拍摄清晰，给粉丝呈现出高清的视频操作方案。同时，高清拍摄也可以更大程度上呈现出美食的诱人色泽，让粉丝更加垂涎三尺。

（2）美食操作步骤尽量简练，给粉丝呈现出简易操作的方法，让粉丝简单易学。

（3）配乐欢快温馨，给粉丝一种放松感。

■ 与场景结合，呈现出美食的独特脑洞

还有一种美食内容与众不同，却也能博得大家的喜欢。那就是将美食结合在生活各种场景中，然后呈现出美食的独特脑洞，让粉丝感到意外惊喜和收获。例如“办公室小野”在这方面就做得很好。

“办公室小野”的视频内容大都与美食有关，但是却清新脱俗，利用办公室为常见场所作为拍摄场景，把一些新奇的简单易做的美食带到了办公室，以美食脑洞大开的系列想法和以一种强大的生存技能将办公重地变成天然厨房，这些独特的美食内容，让“办公室小野”在抖音获得了“美食一姐”的称号。截至到2018年10月，其粉丝数量高达1831万，累计点赞更是高达7005万（见图3-13）。

图3-13 “办公室小野”抖音主页面

例如“办公室小野”有一条短视频火热。内容是：小野在办公室给同事制作了一个可乐冰激凌。其方法非常独特和简单，先是将可乐倒掉，然后将一些巧克力融化，倒入可乐瓶里，再加入蛋奶，并冷冻两个小时。随后将可乐的塑料瓶身剪掉。就这样一个实用创意十足且美味可口的可乐冰激凌就制作完成。看着同事惊喜的表情，小野非常满足。

这条视频得到了63万点赞，6000多条转发。由此可见，人们对这种奇思妙想的美食制作非常感兴趣。

■ 制作专一领域的美食

很多美食抖音号针对的范围很广，有中餐、西餐、日本料理、零食制作，等等。事实上，有些时候，当美食领域出现饱和时，不如做一些专一垂直领域的美食视频。例如专门做日料美食，专门做西餐的美食号。

例如“西餐教学”这个美食抖音号，专注的就是西餐的制作。每天发布一道西式菜肴的制作方法，博得了几万人的喜爱。

因此，当你有一定专业领域的美食技巧时，不如在这个领域内放大自我，展现出独特个性专业的美食制作，一定能吸引更多粉丝。

抖音小课堂：

学习一道拿手好菜，然后拍摄制作成视频，于抖音发布，观看粉丝的评论和反馈。

第四章

拍摄：制作抖音视频的九种拍摄技巧

在刷抖音时，我们经常看到那些充满玄幻、神秘和黑科技的镜头，这些视频总是让我们多停留一会。好的抖音内容离不开好的拍摄，像“黑脸V”这样的抖音大号，之所以备受欢迎，主要原因是拍摄技巧手法吸引眼球。本章将教会大家如何制作抖音高端视频。这包括熟练掌握抖音自身的拍摄技巧以及运用外部的拍摄软件和设备。总之，那些所有有吸引力的视频制作方式都能在本章中找到答案。

1. 怎么制作毫无违和感的合拍

很多点赞比较多的视频都比较有意思，例如合拍。很多人会发现一个现象：为什么我的爱豆可以和别的粉丝一起合拍呢？其实不是你的爱豆和别人合拍，而是别人和你的爱豆合拍。

例如下面这个短视频。

一位叫“是你的小乔妹妹吖”发布了一个抖音短视频，内容是和有接近600万粉丝的抖音达人“杨恒瑞”一起合拍视频（见图4-1）。

图4-1 “是你的小乔妹妹吖”的合拍视频

视频中的两人身穿同样的T恤衫，跳同样的舞蹈，唱同样的歌曲。默契感十足，如果不仔细看就好像是两人一起商量好的。事实上，这是一个合拍。在这之前，“杨恒瑞”通过自己的拍摄已经获得了大量点赞和热度。于是“是你的小乔妹妹吖”就发起了一个合拍，也穿上了同样的服装，跳起了同样的舞蹈。由于这个合拍毫无违和感，所以获得了134万点赞。同时，也为“是你的小乔妹妹吖”增加了大量粉丝。

事实证明，如果合拍得好，也可以增加粉丝。

这种合拍方式，不仅可以增加视频的趣味性，还可以增加抖音用户之间的互动感。例如，一个在巴黎，一个在北京，依然可以一起斗舞，一起演绎，一起合唱等。

那么，这种有意思的合拍视频是如何制作的呢？

■ 合拍的拍摄方式

首先，你要找到想要合拍的视频。然后点击该视频的右下角的转发按钮。随后会出现一系列的功能，其中就有“合拍”。点击它，进入合拍模式。选择自己要拍摄的内容，拍摄完毕之后，即可合拍成功，拍摄结束后。我们还可以继续编辑特效，选取封面、添加滤镜，最后上传视频（见图4-2、图4-3，下一页）。

图4–2　合拍功能

图4–3　合拍过程

■ 毫无违和的合拍应该如何制作

虽然合拍的操作方式很简单，但是想要拍摄出毫无违和感的合拍，也是有难度的。当然，这离不开技巧。

（1）制造合拍剧情。

有一种合拍，之所以让你感觉到毫无违和感，是因为它的剧情非常连贯，而且让人毫无调戏感。例如下面这个视频。

一个漂亮的女孩坐在镜头前，问“我问你我长得丑吗？”合拍中是一个淘气的小朋友，小朋友回答：“yes！”

然后女孩听了之后特别惊讶，继续问：“你好好说，我真的长得丑吗？”小朋友不耐烦地说：“是的，你真的长得丑。”

这个视频非常爆笑。女孩不丑，但是在合拍镜头中，却被一个顽皮的小朋友说丑，而且还很肯定，这不免让人哭笑不得。

这种合拍剧情的方式，采用的是一问一答的方式，引导粉丝进入剧情，然后用幽默的方式结尾，让粉丝大笑。

还有一种合拍剧情的方式，即表演。换句话说，需要运用到表演功夫。例如可以和好友一起合拍一出有意思的剧情，吸引粉丝观看。

（2）合唱合拍。

还有一种合拍非常吸引人关注，那就是合唱。人们看够了现场两个人合唱，更喜欢寻求刺激的合唱。这时候，你可以利用合拍功能来实现隔空对唱。

其一，展示歌技，需要寻找唱歌好听的人，然后发出默契的合唱。要让粉丝听到完美的合唱，唱出感情，唱出火花。

其二，产生对比。例如你唱歌很烂，那么可以找一个唱歌很好的视频来合拍，明显的对比可以让粉丝爆笑，这样也可以增加你的热度和曝光。

（3）合舞。

还可以在抖音中和合拍视频中的人一起尬舞。这需要合拍者提前学习舞蹈动作，熟悉是对方的舞步，然后才能制作出毫无违和感的合舞。

（4）合拍其他动作。

在合拍中，我们还可以从合拍对象中寻找一些缝隙，然后加入自己的动作，这样就可以形成一种合拍动作。例如合拍时，可以伸手拿水杯，伸手帮对方擦眼泪，等等。这种合拍需要的是细致的前提观察，然后是无数的练习，只有这样才能合拍出最默契的视频。

抖音小课堂：

找到一个喜欢的短视频，然后尝试用“合拍剧情”的方式，拍摄一个毫无违和的合拍视频。

2. 怎么利用抖音拍摄基础操作拍出极速和极慢视频

想要玩好抖音的拍摄视频，首先就要了解抖音的拍摄基础操作。我们所有看到的抖音视频，无论是点赞多少，都是经过抖音拍摄或者上传的基础操作而成的。没有基础操作就没有抖音视频。因此，我们必须要掌握抖音的拍摄基础入门操作。

■ 熟悉抖音基础拍摄

打开抖音APP，然后在推荐首页中点击“+”标识，然后进入拍摄页面。在这个拍摄页面中，我们会看到下面的场景（见图4-4）：

图4-4　拍摄抖音视频的基本页面

在这里，页面下方包含了“拍照”“单击拍”“长按拍”的三大功能。我们可以将镜头对准要拍摄的场景，然后选择需要的拍摄方式。

（1）拍照：按拍照按钮就可以拍摄照片，抖音也可以发布静态照片。

（2）单击拍：用户单击拍摄红点，就可以开启拍摄，如果想要在哪里停止就可以再点一下红点，暂停拍摄。这对于分段拍或者变换不同形式的拍摄有很大的帮助。

（3）长按拍：用户需要将手指长按拍摄红点（手指不要放开），然后拍摄，如果想要停止拍摄，可以移开手指（也便于分段拍），继续拍摄则需要继续长按红点拍摄按钮。

在这几个板块上面还有几个功能，如选择音乐、翻转、快慢速、美化、倒计时等。下面我们来分析一下。

（4）选择音乐：在拍摄视频时，我们可以有两个顺序，第一先选择拍摄，再选择音乐，也可以先选择音乐，再进行拍摄。

打开“选择音乐”，会看到一个音乐页面。在这里抖音为用户呈现出了大量的原创音乐、热歌榜、飙升榜、以及经典音乐等。用户可以根据自己的拍摄内容来选择合适的背景音乐。

（5）镜头翻转：在拍摄视频时，我们还可以选择镜头翻转。如果想自拍，就可以转换前置摄像头拍摄，如果你想拍摄其他人物或景物，就可以切换后置摄像头，总之，这个功能根据用户拍摄视频的需要来制定。

（6）倒计时：在拍摄时，我们还可以选择倒计时功能，用户可以拖动选择暂停位置，然后进行倒计时3秒钟的拍摄。

（7）美化视频：在拍摄视频时，我们还可以选择右上方功能中的“美化”。这通常是给拍摄视频时需要的滤镜做准备的。在这里有各种滤镜、磨皮和大眼瘦脸等美化功能，可以美化用户拍摄的视频。

（8）道具选择：拍摄抖音视频时，有时候为了让视频更加好玩和有趣味，还可以点击“道具”功能。在这里有众多热门、最新、美萌、新奇的道具，例如我们选择“控花”，拍摄屏幕上就会出现大片大片的花朵道具，制造出花瓣飘落的感觉。

■ 拍摄极速和极慢视频

在两种情况下需要极速和极慢视频拍摄。

第一，当你提前拍摄的视频时间过长，如此一来你想要上传到抖音中就必须要对此作出删减或者使用极速拍摄。众所周知，普通用户在抖音上传视频时，只有15秒钟时间，所以你需要把一些较长的视频缩减为15秒，这时候就需要极速拍摄。

第二，当你的视频时间过短，如此一来你想要上传到抖音视频就需要极慢的拍摄。为何？因为时间太短的视频，粉丝观看时无法体验到视频的内容，还没等粉丝回味，就一闪而过了。所以，你需要借助极慢的功能来把时间短的视频放慢拍摄和播放。

这对于追求抖音视频效果的用户来说非常实用。当然，你还可以选择“极慢”“慢”“标准”“快”“极快”等。

抖音小课堂：

实现拍摄一个一分钟视频，然后利用抖音拍摄的极速功能，将该视频缩减为15秒钟。

3. 怎么使用滤镜拍摄唯美视频

在抖音上传或者拍摄视频时，可以选择抖音自带的视频和滤镜特效。抖音中为用户呈现了多种视频特效方案。

点击拍摄时的“美化”功能，然后发现在抖音中有两个选择，一个是滤镜，另一个是美颜。

点击“滤镜”功能，这个功能主要是让你的拍摄画面更具唯美，有针对人像、风景、新锐的滤镜分类。分别有日系、年华、非凡、动人、鲜艳等滤镜效果，呈现出来的视频画面更加唯美和文艺。

在“美颜”功能中更是有磨皮、瘦脸、大眼等，针对自拍人像的美颜处理，可以让你的视频看上去更加清纯艳丽。

此外，当你上传提前拍摄好的视频时，还有特效功能可以选择。

点击“滤镜特效”，会发现有各种方式，如“灵魂出窍”“抖动”“粒子”“线性”“幻觉”“70S”“X-Signal”。我们选择好之后，按住就可以使用其滤镜特效。按照这种方式制作出来的视频会呈现出你想要的效果。

点击“时间特效”，会发现有三类的视频特效，分别为“时光倒流”“反复”“慢动作”。很显然，“时光倒流”是逆反方式呈现，给人一种时光倒流的感觉。“反复”就是反反复复呈现出某一个动作，用于强调和突出。“慢动作”指的是放慢动作，让粉丝可以更清晰直观地看到视频中呈现的东西。因此，我们可以根据自己拍摄的视频来选择不同的特效。

有了美丽的滤镜，再加上适合的音乐，你的短视频就会变得更加吸引人。

抖音小课堂：

拍摄一个视频，然后用两种截然不同的滤镜来拍摄上传。

4. 怎么借助道具拍摄最潮视频

在抖音中，我们经常看到一些非常好玩有趣的视频，例如控花术、宫廷模式、和恐龙上街玩耍，等等。这些好玩的抖音视频其实都是通过道具功能来拍摄的。平常，我们在抖音上拍摄一些简单的视频，只要景色美丽，再加以适当的滤镜修饰就可以抓住眼球。但是想要拍出有创意且具有意境的视频，我们还需要学会使用抖音中那些潮流的道具。

我们讲述的道具模式，主要从两方面来讲述。其一，抖音自带的道具功能。其二，外在的道具设备辅助。

■ 抖音自带道具拍摄的技巧

在拍摄页面中，打开道具模板，会看到一系列的道具功能。有按照热门、最新、装饰、搞笑、新奇等分类的道具选择，几乎所有道具都是免费的。

我们来简单讲解一下具体的操作。例如打开“新奇”中的道具，看到很多新奇道具都是AR道具。AR，即增强现实技术，是一种实时地计算摄影机影像的位置及角度并加上相应图像、视频、3D模型的技术，这种技术的目标是在屏幕上把虚拟世界套在现实世界并进行互动。

我们可以选择足球运动员的AR道具功能。选择这个道具之后，你拍摄的镜头中就会出现这个虚拟的足球运动员，而且你还可以给这个运动员切换自己喜欢的照片的人物头像。

更有意思的，我们的手指指在哪里，这个虚拟人物就会走在哪里。这样我们可以便于拍摄一组有意思的视频，你可以操纵这个虚拟人物，按照你的模式来展开拍摄（见图4-5）。

图4–5　借助足球运动员AR道具拍摄抖音视频

利用道具来进行拍摄视频的方式在抖音上很多，而且一旦拍摄得到位，很容易火起来。例如下面这个抖音用户。

“李大嗓”是一个抖音用户，因为用抖音自带的道具拍摄了一个可以让脸部扭曲变形的道具而大火，这条短视频获得了19万点赞，也引发了很多粉丝的效仿（见图4-6，下一页）。

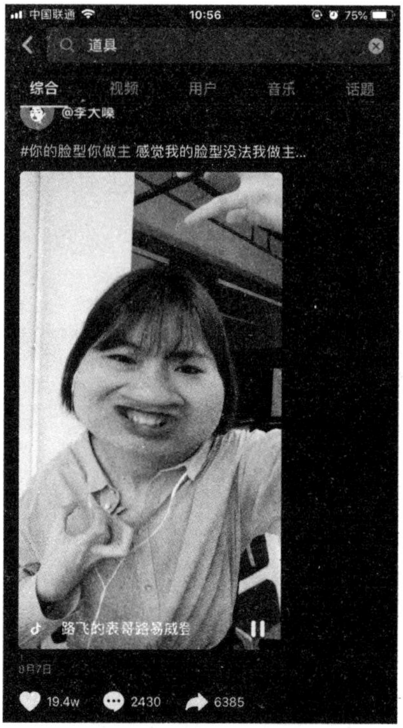

图4-6　抖音用户使用自带道具拍摄的火热视频

除了AR的道具，在抖音上还有很多火爆的道具，例如控雨术、控花术、宫廷装，等等，只要运用巧妙，这些道具都能成为你上热门的利器。

■ 外部道具可以帮你拍摄出十级大片感

除了要学会使用抖音中自带的道具之外，我们还要学会使用外在的道具设备。

（1）蓝色矿泉水瓶+闪光灯。

为什么要选择蓝色矿泉水瓶，因为蓝色瓶子在灯光衬托下会显得酷炫魅力。因此，脉动是最佳选择。我们还可以把手机的闪光灯打开或者准备一个手电，然后用手电从瓶底向上照，在水和光的映衬下就会展现出绚丽的海洋、银河等感觉。

这是一种什么原理呢？实际上是脉动+闪光灯+调色实现的。闪光灯打开，然后通过脉动利用投影进行拍摄，这样就会出现北极光或者水纹那样的光圈，非常美丽。

（2）水果道具拍摄创意视频。

（2）水果道具。

不得不说，很多时候，生活中常见到的东西也可以作为抖音拍摄道具。例如你爱吃的水果。在2018年夏天，抖音上出现了一些特别火的视频，那就是用水果当衣服拍摄视频。很多明星也跟着模仿。

实际上，这种方法就是需要两个人配合，一个人站在镜头远处，一个人站在镜头后，后面的人拿一块修整好的水果形状，如西瓜（其他水果也可以）慢慢移动到镜头前，由于水果离镜头较近，所以远处的人仿佛穿了一身西瓜外衣。这样的道具拍摄出来的视频也非常有创意。

（3）水面。

生活中，我们经常看到一些雨过天晴后的路边水洼，很多人不会特别注意。实际上在抖音达人的眼中，这些水洼的水面是特别好的拍摄道具。

我们只需要把手机倒过来，镜头贴近水洼，对焦拍摄，一副漂亮的水中倒影就成功了。

如果没下雨你倒杯水在地上也是异曲同工的，或者一些水面等，只要能够方便取景，都可以利用它们打造出创意高端的拍摄境界。

一位叫“简单”的抖音用户，在抖音上发布了一条视频非常有趣。该主播在上海外滩将一瓶水倒在地上，然后用倒影的拍摄，拍出了对称倒立的外滩景象。这种效果非常魔幻，堪称大片。该视频获得了571万点赞（见图4-7，下一页）。

图4-7 “简单”抖音用户拍摄的水面外滩大片

（4）保鲜膜+水。

经常刷抖音的朋友对这个道具都不陌生。我们随便取一块保鲜膜，然后在保鲜膜上弹点小水珠，将保鲜膜放在脸前，然后配合冷酷的表情，就可以呈现出极其强烈的艺术感。要特别注意，千万不要整张脸贴上去，你需要和保鲜膜之间有些距离，然后拿出一个很冷酷或者闭上眼睛冥想的表情，如此一来，一种时尚大片既视感就悄然诞生了。

除了这些之外，在抖音上拍摄视频的道具还有很多很多，在这里不再一一赘述。总之，只要你用心发现，就能够找到生活中的那些物美价廉的道具，让你在抖音中拍摄出一个独一无二的视频。

抖音小课堂：

取一瓶水，然后倒在地上，拍摄高楼大厦的倒立影，加以修饰，观看其效果。

5. 怎么用录屏制作“视频+文字”

观看抖音的人都知道，有些抖音大咖的视频特别有意思，是录屏模式。是什么意思？就是类似图文PPT，把图片一一翻页成为动图视频的模式，也称为“视频+文字”。

我们举个例子，抖音上著名的“创业破局”就善于用这种录屏方式来发布短视频。有一条视频的内容是“你那里也有田家炳学校吗？”采用的就是利用录屏方式，获得了11万点赞。方法就是抖音用户将田家炳的事迹和名句排列成为图片，然后用录屏方式一页页翻给用户看，用照片视频来告诉大家这个故事（图4-8，下一页）。

图4–8　“创业破局”抖音用户的图文视频

不仅是管理、创业内容，包括娱乐化内容的短视频、励志鸡汤、电影对白、经典语录、书摘等抖音号都非常适合用这种简洁明了的录屏方式拍摄视频。下面介绍一下，如何来操作这个录屏模式。

■ iOS录屏全操作

使用录屏最简单的方式就是使用手机，但并不是所有手机都支持这个功能。苹果系统ios11以上开启了录屏功能操作。有些人会说："我的手机是ipone，也是ios11以上，为什么没有录屏功能？"其实不是没有，而是你没有打开或者没有找到录屏功能在哪里。下面我们就带你找到你手机上的录屏功能。

第一步，打开手机的"设置"找到"控制中心"。

第二步，进入"控制中心"之后，点击"自定控制"。

第三步，在"自定控制"中找到"屏幕录制"，然后添加。

第四步，添加完成之后，我们在自定义上面的界面就可以看到屏幕录制了——一个小圆圈（见图4-9，下一页）。

当你开启了录屏功能之后，就可以开始录屏。

步骤：打开录屏功能，会提示有3秒钟的准备时间，然后开始录屏。

打开手机相册→滑到想要拍摄视频的照片上→左右滑动→录屏结束时，打开控制中心界面，再次找到录屏小圆点，点击即可结束录屏→录屏视频已经自动保存在相册里。

图4-9　录屏小圆点（图中打勾图形）

■ 安卓手机录屏全操作

很多人使用的手机不是iOS系统，但是也想录屏，怎么办呢？很简单，首先看一下自己的安卓手机是不是支持录屏功能，个别品牌的安卓手机也支持录屏功能，例如vivo。

如果不支持，可以自行下载一个录屏客户端软件，如“乐秀APP”。

下载了录屏软件之后，就可以去手机相册浏览照片并且全屏录制，其方法和上述iOS系统的录屏功能无异。

■ 电脑上制作图文视频的操作

很多时候我们需要对在电脑上的操作进行录屏并且上传到抖音，但录制视频文件大小一般很大，传输不方便。

所以，我们想到另外一个方法：将录屏转换为gif动图分享，方便快捷。

但是问题又来了，生成的gif动图大小通常都会超过2M，甚至更大，在抖音上传时会有所不便捷。此时该怎么办?

第一，将生成的gif动图再次压缩。此时我们建议到一个专门编辑、压缩gif的在线网站soogif→网址为http://www.soogif.com/。

第二，重新找一个生成gif大小适合的录屏软件。

我们推荐LICEcap软件，这款软件非常轻巧，体积仅几百KB，可以将生成的gif大小控制在适合的区间。

运行这款软件之后，将中间透明的窗口框，放到要录制的区域即可，也可以自由调节大小和任意区域。然后录制期间可以拖动录像框在屏幕的位置，也可以按【Pause】按钮暂停。按下【Stop】按钮停止录像即可生成gif图片。

这款软件完全免费，支持Windows与OS X双平台，是电脑屏幕录像制作gif的必备神器。

抖音小课堂：

利用手机的录屏功能来制作一个励志图文视频，然后发布。

6. 怎么使用手机里的视频APP

在拍摄视频时，我们除了可以使用抖音自带的滤镜和特效之外，还可以借助手机视频制作APP的作用，来制作一些便利且有趣的视频。下面介绍几种手机APP:

（1）VUE

VUE多次被App Store评为十佳手机应用软件。这是一个短视频拍摄和剪辑软件，一上架App Store就被超过一百个国家和地区App Store编辑推荐。

在该软件中，可以呈现出电影级别的滤镜，操作也非常简单。VUE内置的电影级别滤镜可以在很大程度上提升视频的表现力，其中软件内的F1滤镜尤为出色，仿佛自己正在拍摄电影的感觉。

VUE还支持多种视频画幅，除了竖屏全屏画幅之外，有经典、正方形、16:9，电影荧幕超宽屏，甚至还有很多经典电影同款特效。

虽然这款APP中只有15款滤镜，但是每一款都值得抖音主播借鉴和使用。

（2）Quik

Quik是由GoPro出品，由Replay更名为Quik。Quik的基本使用流程很简单：显示导入视频，然后选择音乐，随后编辑文字，即可完成。在这个软件中，有很多视频特效模板，只需要我们放视频上去就可以。因此，这个视频软件非常适合抖音小白使用。

（3）美拍大师

美拍大师APP是由美图公司出品，美拍的升级版，跟美图秀秀一样简单易学。

在美拍大师中，对视频时长没有要求，而且可以录制16：9的电影画幅，拍摄人像可自动美颜，支持剪辑、加动态文字、转场动画、加字幕、滤镜，模板。其最大的优势是想要什么背景音乐都可以在线搜索。

（4）Enlight Videoleap

无论您想制作充满艺术性的好莱坞级大片，还是仅仅与朋友分享美妙的回忆与瞬间，都可以尝试Enlight Videoleap。

Enlight Videoleap中我们可以添加任何图片、GIF、视频。图片添加进去就是一段3秒的动图，GIF添加会转化成视频，非常方便。

该APP中还提供有混合器、文本、音频、滤镜、调整、效果、色调范围、格式八大功能。每一次处理都会增加新的图层，图层可以进行排列，还可以分别进行处理，并不会破坏原有的视频。

每个剪辑或者图层都可以轻点编辑，拖动边缘可剪裁。在剪辑之间还可以添加无缝过度方式，还能添加关键帧制作精确的动画。

Enlight Videoleap的混合器功能也非常强大，你可以选择另外一张图片或者视频，与原本的视频进行混合处理。

对添加的图片或者视频进行放大缩小角度调整，还有滤镜、音频、透明度、混合模式、蒙版、色度等强大的功能。其中特别值得一说的是混合模式和蒙版，充分利用多种混合模式可以制作出非常漂亮又自然的视频效果，蒙版能调整你希望显示出来的特效，配合使用将让你的视频瞬间在质上发生改变，成为好莱坞大片似的档次。

其中的音效功能，更是非常方便，你可以从手机的音乐库里添加音乐，或者使用自带的各种音效来为你的视频增加乐趣。

这款APP的滤镜功能中自带了接近20种滤镜，每种滤镜都可以调整强度。而效果和毛刺功能可以选择特殊效果增强视频。在调整功能中，我们可以对视频的各种亮度、对比度等参数进行修改，可以自行调整到最适合视频的参数。

可以说，Enlight Videoleap是非常专业的APP视频制作软件。

（5）Slow Fast slow

如果你特别喜欢拍摄慢动作视频，想对速度控制得更加精细，那么选择Slow Fast slow就对了。这个APP能通过曲线控制点完美地实现变速达到“倒放”效果。

（6）Action Movie FX

这是一款电影特效视频工具，用户可以在这里找到各种电影的特效：爆炸、烟火、火树银花、导弹攻击、龙卷风等。使用这款APP，拍出来的视频特效不但惊艳，而且非常简单操作，只需在手机上简易操作即可。使用这款软件时需要注意的一点是只有合适的拍摄场景和角度，才能和特效比较完美地贴合。

（7）视+AR

在拍摄抖音视频时，还可以加强AR方面的视觉特效，利用虚拟现实，呈现出3D的画面感，这样的视频会让粉丝身临其境，观看时更加有代入感。

有一款软件是“视+AR”，搭载独立开发的Easy AR引擎，包罗丰富AR内容的增强现实应用。

在这个应用中，我们还可以把一些现实中不存在的东西与拍摄内容结合起来，例如与恐龙等各类增强现实（AR）3D角色在真实场景中互动。让我们拍摄出的视频更加酷炫闪耀。

在这款应用中，下载识别图，扫描识别图可以体验增强现实（AR）角色在视频或者照片中实时跟踪的独特效果。还可以随时切换各类武器来“轰炸”现实场景，迅速便捷地拍出酷炫科幻大片。

抖音小课堂：

利用Enlight Videoleap这个手机APP软件制作一个趣味视频。

7. 怎么在PC端制作高级视频

很多刷抖音的人都很羡慕那些类似大片的特效视频。例如“黑脸

V”，他的视频大多数都非常酷炫科幻，让很多小伙伴羡慕不已。事实上，除了手机APP的视频制作，我们还可以借助电脑软件的帮忙，拍摄和制作出酷炫的高级视频。

■ AE软件制作你想要的特效

AE是一个影视后期包装软件，许多电影的制作都有用到这个软件，它是Adobe公司开发的。在很多电影特效的制作过程中，使用AE还通常需要配合3DMax、Maya、Premiere、EDIUS、Photoshop等一些软件进行联合制作。

在该软件中，有一个绿幕功能，其实就是一个很大的绿颜色的背景，很多电影中，电影里的场景都是虚拟的，都是通过后期软件制作的。在前期制作时，演员的身后需要一个背景，这个背景有两种颜色，一个是绿色，一个是蓝色，通常也叫做“扣绿”或者“扣蓝”。

当然，我们玩抖音时，不需要那么复杂专业的特效，我们只需要把15秒钟拍摄科幻的特效即可。

例如利用AE轻松制作“black mgice”（黑魔法）特效。

第一步，需要拍摄一段喜欢的视频。

第二步，在电脑上打开AE软件，并将拍好的视频拖到项目窗口里面。

第三步，再将视频拖到下面的新建图标上，如此一来软件就自动为我们建立了一个合成。

第四步，按“Ctrl+D”复制一份。

第五步，选中上面的视频图层，点击效果，选择颜色校正，找到色相饱和度，在效果空间里将主饱和度设为-100，其他暂时不要管，这时候，视频就变成了黑白色。

第六步，继续选择上面的视频图层，点击效果，找到风格化，选择查找边缘，在反转选项中打个勾，并调整与原始图像混合的数值，直到自己满意为止。

第七步，接下来我们需要选择位置。选中上面的图层，将时间线拖到你想要效果开始的位置，可以按“alt+【”键，再将时间线拖到想要结束的位置，并按下“alt+】”键。当然，你也可以按鼠标指针拖到图层开始的位置，这时鼠标指针会变成左右双箭头，将其拖到你想要效果开始的地方，结果也是一样，黑魔法效果就完成了。

第八步，导出视频保存即可。

AE的功能很强大，如果你掌握其技术，一定会制作出影视大片般的特效，让你的抖音视频更加出色。

■ 爱剪辑软件灵活制作特效视频

下面我们再来介绍一种简单的电脑软件——爱剪辑。

添加字幕、字幕旋转、图像滤镜、虚幻模式等等，这些简单灵活的视频制作，都可在爱剪辑完成。

例如，爱剪辑的视频自动一键美颜功能，可以让皮肤瞬间变白变光滑。再例如，各种完全傻瓜式能一键完成的好莱坞大片级别的调色效果来袭，从此你想让视频剪辑做什么色调就有什么色调。只要你掌握爱剪辑软件的技术，从此就算你是视频小白也能轻松做出专业的特效。

下面介绍几个简单的爱剪辑功能操作方式。

第一，好莱坞大片级调色效果制作。

很多时候，我们都觉得视频素材光线太暗，或者想要一种唯美的色调。这时候，你需要在爱剪辑里简单操作即可。

在爱剪辑的美化功能板块里，除了美颜特效，还有几十种好莱坞调色特效让你随意勾选。重点是，这些特效都是全傻瓜式自动完成的，重点是，这些功能都是免费的。

例如，想做一个电影胶片特效的视频，只需选择“胶片色调”中的“电影胶片”特效即可。然后你就会发现整个视频风格完全变了，变得像看电影大片一样。

第二，动景特效制作。

动景特效有什么用？简单来说就是让视频加入一些会动的场景，例如在某个特定场景加入满天花瓣飞舞的效果来营造浪漫的气氛，这个满天花瓣飞舞的效果就是一个动景特效。

在爱剪辑中有多达几十种动景特效。其方法是依次点击画面风格——动景——选择自己想要的特效（如尘埃星球）。你需要单独去爱剪辑官网下载动景特效。

利用爱剪辑，你可以灵活简单地操作视频特效，让你的视频在众多抖音用户中脱颖而出。

抖音小课堂：

电脑下载爱剪辑软件，并使用该软件来操作一个视频，加入动景特效，然后和原视频对比，发现其中的优势，然后上传抖音。

8. 怎么运用构图技巧来达到视频的完美视觉效果

在拍摄视频时，我们还要掌握构图的基本技巧，因为这是拍摄出优质视频的基础。但凡是那些高质量的视频，大都是用心制作的拍摄，镜头构图也是基本的要素和方法。

在这里，我们主要讲述一下如何借助九宫格来进行镜头构图。

想要有一个完美的构图，首先就要在拍照或者摄影时，把视频调成九宫格模式。一般的手机拍照不会显示九宫格，这需要我们手动设置。

我们以iPhone为例，打开“设置”，然后找到“相机”，在这个页面中，找到“网格”，然后打开网格按钮。这样我们就设置好了九宫格模式。

再次回到照相机，打开照相机，就会发现拍摄时，呈现的是九宫格模式了（见图4-10）。

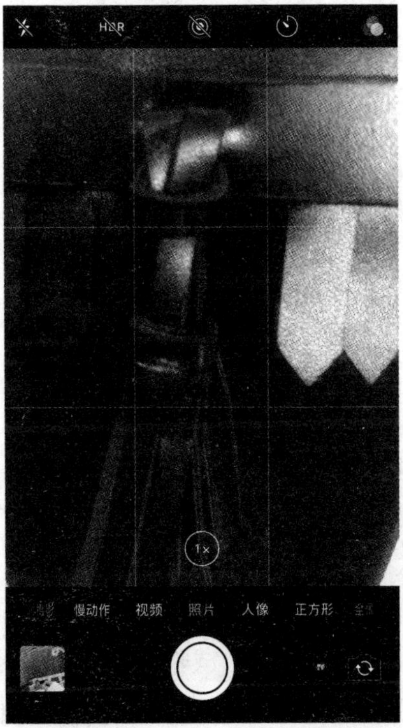

图4–10　九宫格构图

九宫格构图法，也称之为“井”字构图法。是摄影构图法中最常见最基本的方法之一。它是通过分格的形式，把画面的上、下、左、右四个边平均分配成三等分，然后用直线把对应的点连接起来，使得画面当中形成一个“井”字。整体画面被分成九个格子。“九宫格”的称呼也由此而来。

在九宫格的构图中，我们要先找到“趣味中心”。九宫格交叉线产生的那四个交叉点，在国外的摄影理论中称之为“趣味中心”（见图4-11），即我们要表现的主体产品所在的最合理位置。

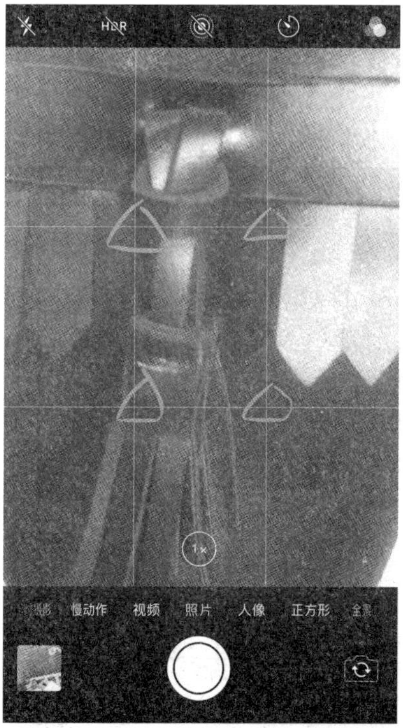

图4–11　九宫格构图四个“趣味中心点”

“趣味中心”经过人们的多次试验，被反复证明当被摄主体处于或发布在这4个点附近最容易得到“眼球”。我们在利用九宫格寻找合适的构图时，可以将画面重心放置在九宫格的点或者线上。如下图：（见图4-12，下一页）

图4-12　饮料在九宫格构图中的位置

画面中的饮料所在的位置占据了右侧的分割线，用户的眼球自然就会被饮料所吸引过去，而此时，我们可以在左上角的“趣味中心”附近加入一些文字内容，使得整体画面在保持舒适平和的同时，突出了饮料和文字内容，让整张照片或者拍摄作品主次分明。

之所以九宫格拍摄的作品会给人在构图和视觉上有一种舒适感，是因为九宫格构图法实际上运用的就是黄金分割线定律。

黄金分割线定律是古希腊注明数学家、学者毕达哥拉斯创立，他提出：如果一条线段的某一部分与另一部分之比，正好等于另一部分同整个线段的比，即0.618，那么，这样比例会给人一种美感。

当我们在日常生活中没办法精确计算黄金分割线和黄金分割点的时候，九宫格构图法就很巧妙的帮助我们完成了这一技巧。九宫格的三分线接近于黄金分割线，交叉点的位置也恰到好处地帮我们找到了画面中的黄金分割点。这就是利用九宫格构图法，能很容易增强图片吸引力的奥秘所在。

此外，我们还可以把拍摄的主题放在四个点上或者四条主线上，然后把画面分成三份，不要让主体在正中间，这样就会符合用户的审美要求。

所以，当你在拍摄抖音视频时，运用这种方法可以让你的视频图像在视觉上显得更加专业。

使用九宫格构图时，需要特别注意几个小细节：

了解了九宫格的操作和原理之后，我们接下来就要进行实际的拍摄。但是在拍摄时，我们还应该注重两点窍门。

（1）确认主体。

任何形式的构图的第一步就是要寻找动人的对象来拍，而不是漫无目的拿着手机到处拍摄，千万不要以为你随随便便拍摄一个视频在抖音上就能火热。

确定了主体后，下一步就是怎么去表现它了。接着我们便要慢慢接近主体。

通常，主体在画面要占一定的比例，才能引人注目，也就是主体突出。主体太小，就不成为主体。主体太大，会让人不舒服。这时候九宫格的工具就可以派上用场了。

（2）突出主体。

突出主体也是拍摄构图的主要目的。每一个抖音作品，都有一个主体或者趣味中心。那么如何让这个趣味中心更吸引他人的眼球呢？

我们可以把主体强调、突出，舍弃一些与趣味中心无关的东西，并适当地安排一些东西来烘托趣味中心，使画面更具吸引力，让粉丝一看就知道你的视频想表现什么。

这一切都是通过构图来实现的。我们经常会接触到一个词叫“视觉语言”，视觉语言和我们所说的语言一样，都是为了传递信息。

在拍摄抖音作品中，运用视觉语言的目的就是让粉丝看懂你的视频内容说的是什么，你要表达一个什么样的思想，这个目的，也要靠构图手段来表达。

刚玩抖音的人最容易犯的一个错误就是把主体放在镜头的正中间。的确，在正中间的主体是最容易吸引粉丝注意力，但是，一个专业的视频作品应该是在吸引粉丝的目光之后能够引导粉丝的目光到其他地方去。如果吸引人的主体放在正中间，很容易只让人专注在那个物体上，而令画面变得呆板。同时，尽量不要把多余的东西留在画面上，那样会显得构图松散，缺少美感。因此，上述九宫格构图方式对抖音主播来说非常重要，是必须要掌握的。

抖音小课堂：

运用九宫格拍摄一段视频，然后利用上述软件制作，在关键位置加入字幕，吸引用户眼光。

9. 怎么拍出高端运镜视频

很多时候，我们会觉得自己的视频总是不如他人的好，这是因为我们的视频没有技术含量。下面我们来介绍一种特别有技术含量的拍摄手法——运镜。

运镜，顾名思义，就是运动者的镜头。运动镜头是用运动摄影的方法拍摄的镜头，让人觉得画面更动感，定镜头让人觉得死板，所以影视作品中大量的是运动镜头，定镜头却不多见。

想要拍出有吸引力、有张力的视频，运镜是最基本的技巧之一，下面是几种常见的运镜手法，只要你运用好这几种方法，就算你是新手，也可以拍出技术含量很高的抖音短视频。

■ 运镜技巧之推

推镜头是一个从远到近的构图变化，在被拍对象位置不变的情况下，用相机向前缓缓移动或急速推进的镜头。用推镜头，使镜头的取景范围由大到小，画面里的次要部分逐渐被推移画面之外，主体部分或局部细节逐渐放大，甚至特写，直到占满镜头。

这种镜头的主要作用是突出主体，使观众的视觉注意力相对集中，视觉感受得到加强，造成一种审视的状态。符合人们在实际生活中由远而近、从整体到局部、由全貌到细节观察事物的视觉心理。

■ 运镜技巧之拉

与推镜头的运动方向相反，摄影由近而远向后移动离开被摄对象，取景范围由小变大，被拍对象由大变小，与观众距离也逐步加大。

画面的形象由少变多，由局部变化为整体。在景别上，由特写或近、中景拉成全景、远景。拉镜头的主要作用是交代人物所处的环境。给观看者带去一种整体的视觉效果，从客观上呈现出主角的处境。

■ 运镜技巧之摇

这种操作主要是拍摄的相机不要移动，借助于活动底盘使摄影镜头上下、左右、甚至周围的旋转拍摄，犹如人的目光顺着一定的方向对被拍对象巡视。

摇镜头能代表人物的眼睛，看待周围的一切。它在描述空间、介绍环境方面有独到的作用。

左右摇常用来介绍一些“大场面”，上下直摇又常用来展示高大物体的高大、险峻。摇镜头在逐一展示、逐渐扩展景物时，还使观众产生身临其境的感觉。

相机也可以在旋转平滑中以此来表现场景，此时要注意加减速，一般不需要预备和缓冲，在摇镜拍摄运动中的角色时，相机的运动一定不能比角色早。

■ 运镜技巧之移

拍摄移动镜头时，可以让相机沿着水平方向作左右横移拍摄的镜头，类似生活中的人们边走边看的状态。移镜头同摇镜头一样能扩大镜头二维空间映像能力，但因机器不是固定不变，所以比摇镜头有更大的自由，能打破画面的局限，扩大空间。

移动拍摄的效果在运镜中是最灵活的，但也有其弊端，那就是相机抖动不好控制，很多人拍出来的效果很烂，堪称“五毛钱特技”，这时就要用到稳定器，稳定器通过机身马达和旋转轴来控制相机移动和旋转。

■ 运镜技巧之跟

运镜的拍摄中，还有运镜的“跟”。这其实是移动相机的一种变换用法，跟随被拍对象保持等距离运动的移动镜头。跟镜头始终跟随动着的主体，有特别强的穿越空间的感觉，适宜于连续表现人物的动作、表情或细部的变化。

■ 运镜技巧之甩

甩镜头是快速移动拍摄设备，从一个静止画面快速甩到另一个静止画面，中间影像模糊，变成光流，常用在表现人物视线的快速移动或某种特殊视觉效果，使画面有一种突然性和爆发力。

■ 运镜技巧之升降

升和降是相机借助升降装置等一边升降一边拍摄的方式，升降运动可以为观看者带来画面视域的扩展和收缩，通过视点的连续变化形成了多角度、多方位的多构图效果。

这种方式主要来表达高大物体各个局部、纵深空间点面关系、事件或场面的规模、气势和氛围、画面内容中感情状态的变化等。

以上就是几种常见的运镜镜头技巧。这些看上去很难的技巧，其实大部分都是由基础的运动组合而来，镜头只是讲故事的方法，没有绝对的对与错，抖音拍摄时，需要我们敢于打破常规，多推翻，多尝试，这样才能找到合适的角度和方式。

抖音小课堂：

运用运镜镜头的“推”和“拉”来制作一组不同的视频，观看其视觉效果，选择一个最佳镜头上传到抖音。

第五章

编辑：抖音文案标题，这六招就够了

拍摄一个出色的视频之后，接下来并非发布，而是进入编辑流程。编辑包括抖音文案的设计和策划，抖音的标题文案。这两个版块至关重要，甚至直接影响着粉丝点开视频的心情。好的文案可以让视频如画龙点睛般绚烂，可以直接戳中粉丝内心，让粉丝一键关注你。因此，本章教会大家快速写出优质的热点文案。

1. 如何写出热点文案

拍摄抖音视频之后，还需要根据视频来搭配合适的文案。好的文案可以让你的视频更加出色。所谓的抖音文案主要是指对视频内容的文字解说，特别是图文视频，最重要的还是文字，而文字就主要指文案。再比如一些情景对话、故事对白，等等，这些也都是文案内容。

因此，打造一个好的文案是抖音火热的前提。在这里，我们要先说一下如何写出好的热点文案。热点文案，顾名思义就是指针对当前社会发生的热点来创造的文案，即我们通常所说的借势文案。

例如，在抖音上有这样一条短视频，内容：在青海机场青海民族大学师生欢迎旦增尼玛的视频。这条视频被几千人转发。为什么一个接机的视频会如此火热呢？因为这个视频的文案运用了借热点的方式。

该条视频发布于2018年10月9日，而这正是浙江卫视举办的2018年《中国好声音》年度总冠军决赛之后的第二天。这次比赛获得了很大轰动，不仅在娱乐圈，在微博热点中也更是火热。这次冠军的得主正是抖音视频中欢迎的那位旦增尼玛。

这条视频很巧妙的是，还借助了旦增尼玛在《中国好声音》中的一首歌作为背景音乐。其文案更是突出了对旦增尼玛的欢迎之心。一句“热烈欢迎旦增尼玛老师载誉而归”更是将视频推向了高潮。

原本一个普通的接机视频，经过加入热点信息的文案即刻将视频推向了更大的流量池。这也说明，我们需要及时了解热点信息，然后在视频中巧妙植入热点文案。

■ 对热点事件进行分解，找到触发点

我们首先要知道热点是什么？热点就是用户普遍关注的事情，是用户的注意力之所在，是产品和用户之间产生关联的媒介。当你的内容（产品或者服务）蹭上了热点，也就意味着你的内容进入了用户的视野，得到了用户的关注。

我们必须要知道一点，绝大部分的热点并不会刚好能跟你的产品或者内容发生直接的关联，因此，我们需要去找寻热点事件与内容之间的关联。

这需要我们将热点事件全面分解，尽可能多地将触发点排列出来，再去搜索与该热点相关的信息，由此来得到一些关键的信息点。

拿到一个热点之后，首先要分析它，分析它有几个可以借势的点，也就是触发点。找到这些触发点，然后将它们排列出来。再根据自己拍摄的内容进行选择，选出最合适的一个，这样的视频就有了热点的灌入，在文字上我们稍加做装饰，就可以打造出热点文案。

■ 结合热点事件并找出关键词写出借势文案

当我们找到了热点的触发点和内容相对应的关键词，接下来就是将两者结合起来进行文案的创作。

例如：2018年夏天火热播出的《延禧攻略》，很多抖音小伙伴就借助这部剧来创作文案。其中诞生了很多与这部热播剧有关的关键词，例如“大猪蹄子”“本宫”“白月光”等。很多抖音短视频的情景剧都与这种关键词结合在一起，引发了很多点赞和转发。

■ 及时关注抖音小助手推送的热门话题

想要在视频发布时加入热点文案，还需要及时掌握新的热点动向。

其方法之一就是及时关注抖音小助手和抖音资讯推送的热门话题和信息。通常情况下，在抖音小助手这里，一些最新、最热门的话题会第一时间推送到用户的通知栏里。

打开抖音，找到“消息”，然后点击“抖音小助手”，会看到一大波的话题正在向你袭来。例如#一本正经游客照、#小了白了兔大PK、#国际范儿菜名……

方法之二，还可以去微博、腾讯、搜狐、百度等门户网站多看一些热点信息和视频，从中快速汲取热点消息，然后加以整合，制造热点文案。

抖音小课堂：

从今日头条平台中寻找最新的热点信息，然后加以转化，形成热点文案，拍摄一个合适的视频上传到抖音。

2. 如何用结构法搭建出文案模块

很多人在做文案时，总是找不到思绪，感觉思路受到了限制。也有时候，我们针对内容的同一个“卖点”想到了多个文案，但不知道该用哪一个，于是就出现了选择问题。

这些都是做文案中经常出现的问题。实际上，当你出现了这些问题，很可能是因为你的文案结构不对。没错，抖音视频虽然只有15秒钟，但是想要诞生一个精彩的文案，需要的是文案模块的帮忙。

■ 先找到你的视频用户画像

作为结构的第一个层面就是找到视频用户画像。用户画像是一个很复杂的过程。下面我们以一个做婴幼儿店铺的抖音用户为例，看一下，这位主播是如何做用户画像的。

（1）该抖音号的粉丝80%为女性，婴幼儿店铺的用户也大都是女性，而且集中在25-34岁，20%的人来自聚划算。

（2）抖音粉丝的职业属性：有70%的粉丝为公司职员，有30%的粉丝对婴幼儿折扣敏感度较高。

（3）对婴幼儿产品搜索偏好：大多数粉丝在淘宝搜索婴幼儿用户时，多搜索婴儿衣服、婴儿夏装、婴儿连体衣、宝宝连体衣。

（4）来访时间：多数粉丝观看这类抖音视频大都在中午10点，晚上21点到22点。逛店铺的时间也与这个时间基本吻合。

由上面一些特征词，我们可以推断出一个人会做哪些事，会有怎样的选择，从而得到一个简单的画像。

CC是一个孩子的妈妈，1989年出生，在一个公司上班，工资4000-6000元。每天都逛淘宝和刷抖音，尤其是在早上10点钟到公司之后，或者是晚上10点把孩子哄睡着之后。几乎每天都能根据抖音推荐去淘宝下一单，但是基本上都不是很贵的东西，主要是家庭用品。

■ 列举目标用户的感情需要

找到用户画像之后，下一个结构就是列举目标用户的情感需求。

为什么要把这个情感需要单独列出来？因为你必须要知道一条抖

音视频不能只是表达你的内容或者产品，还必须要照顾到用户的情感需求，在写文案的时候，一定要把这一点加入其中。

这里把用户的情感需要都列出来，直接作为写文案的标准，写文案的时候就不会忘记情感需要这一条了。

列举上述用户画像中CC的情感需要：

（1）希望自己对家庭的付出得到认同，让他人觉得她是一个好妈妈。

（2）希望自己买的东西被小孩子喜欢。

（3）喜欢被重视和需要的感觉。

（4）希望可以卖到物美价廉的产品。

（5）想要看到小孩子更轻松快乐。

当然了，这些都是正面的情感需求，反之我们还需要了解对方不想看到的地方，那就是安全问题。她希望自己买到的东西都是安全的，因此，危险、有害等因素不可以出现在抖音中。

■ 文案关键词排序

接下来就要找到关键词，并且将其排序。根据上面的分析，我们可以很轻松找到文案的关键词，如“纯棉”“连体衣”“无骨缝制”“安全”“简单”等。接下来就要排写。要知道谁是第一文案要点，谁做第二文案要点。

这需要你做足市场调查和用户调查，充分了解用户对婴幼儿产品的需求顺序。通过这种调查可以很容易做出关键词的排序。

■ 思维导图文案结构

在我们做出了简单的人群画像，列举了目标用户的情感需要，把产品的卖点排好序之后，才可以用思维导图整理文案思路。

在这里分为两部分：

第一横向导图：我们可以按照“卖点——定义——分卖点——好处——情感满足”这样的顺序来写。

第二纵向导图：从一个卖点的不同角度的分卖点、不同角度的好处、不同角度的情感满足来写文案。

将上面的思维导图的每一项所散出的文案，进行罗列并筛选，直到选择最满意和最合适的那个文案。

抖音小课堂：

按照上述思维导图来写一份关于婴幼儿抖音号的文案。

3. 如何给你的文案加入名人效应

在文案中加入名人效应自然会更加有热度。但是这关系到如何选择和使用的问题。

名人效应的文案有很多种方式，例如有一种，直接拿名人说事，比如8848钛金手机的“喂，我是王石”。这种方式通过王石这个名人直接制造了令人向往的高品格定位。

还有一种简单的方式就是加入代言人、明星的名字或者事迹，这样可引发人们的喜爱和追捧。

下面我们来分析一下具体在抖音文案中的操作方式。

■ 用名人事迹直接做文案

很多抖音用户非常聪明，他们知道自己很难打造出响当当的文案，所以就干脆利用名人的事迹来当文案。例如下面这个抖音号：创业破局。它有一条抖音内容非常火爆，内容文案是这样的。

“有这样一个牛人，马云换将也赢不了他，他做视频网站比优酷晚两年。如今，他的会员数全网第一，他三年亏掉百度93亿元，李彦宏却不为所动一直为他撑腰。他曾赴美上市，却饱受白眼，如今在美国纳斯达克敲钟，市值约700亿元。他就是爱奇艺创始人龚宇，一个神一般的男人。”

这条视频获得了大量小伙伴的点赞。为什么很多小伙伴点击进入呢？因为很多小伙伴被他的文案吸引了。人们都很想知道，到底比马云还厉害的人，把李彦宏打败的人是谁？

于是，这个短视频就得到了很多人的追捧。该抖音用户还有很多类似短视频，都是借助各种名人事迹来当作文案。这种方式操作简单。

■ 名人台词、名句作为文案

还有一种名人文案的方式，将名人所说的话或者台词作为文案。但是在选用时，需要注意几个问题（见图5-1）。

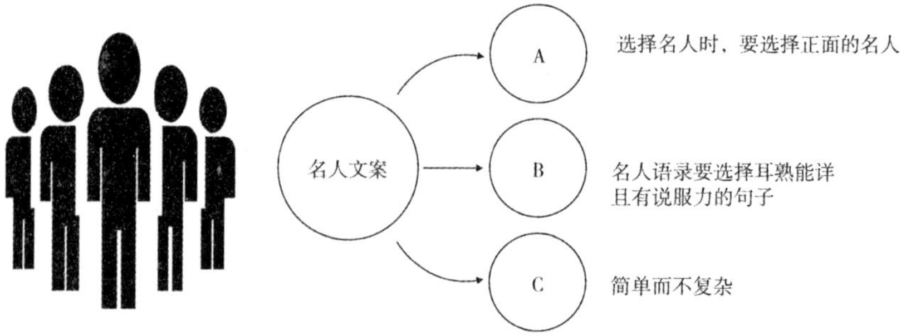

图5-1　选择名人文案时注意的问题

在这方面，很多做管理类、心理类、文学类的抖音号可以使用这种方式，特别是管理类。可以多借助一些马云、马化腾、任正非、周鸿祎、雷军、乔布斯、比尔·盖茨等知名企业家的名人语录作为文案。

就算你的视频中没有这些内容，也可以在视频中加入一些名人的因素。例如有一个短视频是拍摄自己办公室的内容，该主播拍摄时，没有选择背景音乐，还是直接用对话方式。上来第一句就是“马云说过，一个再小的公司也要有文化……”

用名人语句作为开端作文文案打开了整个短视频，也抬高了整个短视频的品格，让人们眼前一亮。

■ 借助热门人物作为文案基础

我们还可以在抖音短视频中加入热门人物的文案因素。在2018年10月热播的电影《无双》中，主角周润发再次在影坛火热。因此，“周润发”也就一度成为了热门人物。很多抖音用户纷纷以“发哥”为文案做短视频，吸引了很多小伙伴围观。

换句话说，我们要时刻留意娱乐圈、演艺界的名人动向，一旦哪个公众人物火爆，就可以将其运用在抖音短视频之中。当然，我们要懂得区分和鉴别哪些是可以运用的名人。有污点、负面消息的名人不能用，涉及国家宗教等因素的名人不能用。

抖音小课堂：

寻找乔布斯的名人语录，根据乔布斯的事迹和语录来打造一个文案视频，并且发布在抖音。

4. 如何在文案中体现故事性

文案的故事性主要体现在你的视频情景和文案的结合程度上。如何才能让抖音文案更显得故事性呢？首先你要搞清楚故事性文案的重要模式。简单来说有两种模式：叙述模式、场景模式、对白模式。

下面来分别看一下三种模式的具体招数。

■ 叙述类故事文案的打造

叙述类短视频的文案可选用富有情感化的故事或者段子来吸引人。例如："我和他认识三年了，他从大学毕业之后就来到上海，在这个遍地是黄金的地方，他无依无靠，只能依靠自己的双手来闯荡。在他不懈的努力下，经过两年时间，他成为了一个出色的调酒师……"这样的叙述，为用户呈现了一个非常有情感触动的故事，让用户仿佛看到了当年打拼的自己。这样的故事文案是有情感因素在其中的，而且通过视频的呈现，显得更加真实，让人动容。

因此，在这方面的文案打造中，我们的流程如下（见图5-2）。

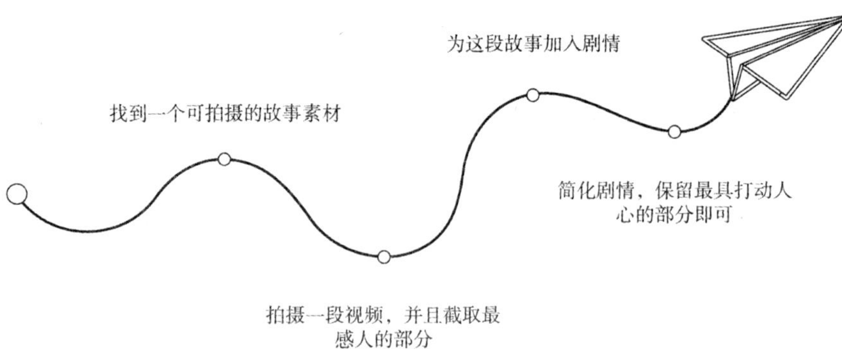

图5-2 叙述类故事文案打造流程

■ 场景类故事文案的打造

故事性的东西在现在的互联网时代，有一个专业的名词叫场景化。这跟我们写叙事型文案的性质几乎是一样的。文案必须要创造一种情景，通过创造一个情境，才可能让人产生兴趣，感兴趣才有可能让人好奇，让人深入了解，深入了才有可能主动去发现你所要表达的内容。

首先要了解一下什么是场景?

“场景”的概念，在百度百科上的解释是：场景是指在一定的时间、空间（主要是空间）内发生的一定的任务行动或因人物关系所构成的具体生活画面，相对而言，是人物的行动和生活事件表现剧情内容的具体发展过程中阶段性的横向展示。泛指生活中特定的情景，这些场景是令人难忘的。

如何打造文案的场景化呢?

第一，找到故事素材。

第二，要让你的故事在视频中呈现极强的画面感。

第三，加入伤感的文字。

例如下面这个抖音：“离开皇后镇的那个晚上，又去听了他的琴。能让你忘却所有现实生活的枯燥和俗气，听到内心的波澜和幸福。”这个视频中呈现的就是在皇后镇上一位衣衫褴褛的男子在河边弹琴的画面。这种场景画面感非常强烈，带出浓浓的伤感气息。因此，这样的视频更能打动人（见图5-3，下一页）。

图5-3　场景故事文案

■ 对白类故事文案的打造

如果说场景是体现故事的画面感，那么对白就是给这个画面感添加了佐料，让画面感鲜活起来。

在对白类的文案中我们可以根据下列模式操作。

第一，寻找对白素材。

这个素材可以从很多处寻找，例如经典电影台词、小品对话、时事新闻等，这些都可以让我们酝酿情绪，为打造一个好的对白文案做好铺垫。

第二，根据对白素材进行视频拍摄。

在拍摄中一定要与选取的对白素材吻合，可以从伤感、搞笑、发呆、思考等多方面来拍摄，但是一定要让视频主角深刻领悟对白的内涵。

第三，浓缩精华。

在对白文案中，我们可能会出现这样的情况：拍摄了很多视频，也加入了很多对白，但不知道如何选取。抖音视频对普通用户来说只有15秒钟时间，所以必须要浓缩精华，保留最能打动人的对白部分。

抖音小课堂：

选取电影《前任3》中的一些经典台词拍摄一个“对白+场景”的视频。

5. 如何用一句话戳到粉丝痛点

抖音视频想要获得高点击量，文案至关重要。如何用一句话戳到粉丝痛点，关系到你的视频能否打动粉丝，打动了粉丝，粉丝自然就会给你点赞，甚至成为你的忠实粉丝。

■ 调动用户情感，与之产生共鸣

我们先来举个例子说明一下。抖音上有一条非常火的视频，光看视频内容，其实就是一个人坐在出租车里拍的窗外的场景，画面里是呼啸而过的车流，逐渐后退的树，灰蒙蒙的天空，是每个人坐车都可以看到的画面。就视频内容来说是相对比较平平无奇，画面也不是很好看，也没有突发的偶然，也没有可以吸引人眼球的关注点。但是它的文案却非常触动人心，其文案是：“明天又要交房租了，感觉快要撑不下去了，看到的朋友能给我点个赞鼓励一下我吗？”

这样的文案配上车窗外的风景和城市繁华，用户脑海里立马就能浮现一个内心孤寂生活艰难的城市漂泊者的形象，成年之后的生活都不会太容易，很多人多多少少都会有点共鸣，很快这个短视频在抖音上有了40多万点赞。

让这个短视频火热的核心就是其触动人心的文案。它充分调动了用户情感，使粉丝与你产生共鸣。

具体的方式（见图5-4）。

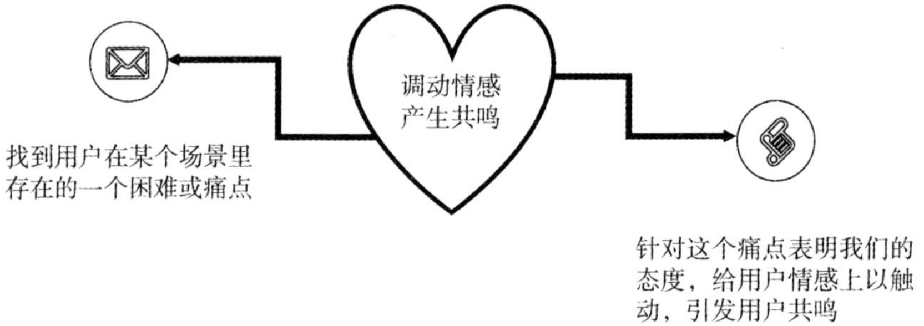

图5-4　调动情感，产生共鸣的方式

■ 了解戳到粉丝痛点的文案类别

可以引起粉丝共鸣的文案的类别主要有四大类。

第一类：支持型文案。

比如阿迪达斯有个“这就是我”系列广告。策划者发现，很多年轻消费者经常被人指太傲慢、太浮夸、太幼稚。所以阿迪达斯直接在广告里支持他们说：太不巧，这就是我。这条文案其实是发出了众多年轻人的心声。

这些个性化的年轻人，往往因为太过自我、个性，所以在生活中大都会面临指责、怀疑和否定。而阿迪达斯的这个文案则直接唤起了他们内心的这种情绪，然后站在他们这一边，想办法合理化他们的行为，他们就会觉得阿迪达斯是自己一队的人，在感情上会认同你。这也是阿迪达斯在抖音上能成为运营最好的品牌方的原因，是因为它能够让年轻人找到价值认同。

第二类，反击型文案。

我们可以把社会上很多恶劣的现象拿过来做视频，然后在文案上大力抨击或者反击，从而让用户产生强烈的共鸣。类似的这类事情在生活中很常见，比如朋友借钱不还、同事太烦人、服务员没礼貌、老板太苛刻，等等。我们大脑本身是无法区分幻想和实际体验的，它们在大脑神经中枢实际产生的愉悦感是类似的。所以，直接帮用户反击这些行为，会让他们产生实际体验了一把的愉悦，从而对你的行为产生共鸣。

第三类，激励型文案。

最典型的就是耐克的文案：“Just do it！”激发用户摆脱拖延、想到就立刻去做。

在抖音上有一个视频，文案只有一句话：“别为自己找借口。”视频内容是一个牵着狗跑步的外国男子。没错，人家遛狗都能当成跑步，你还有什么理由懒惰呢？！（见图5-5，下一页）

图5-5“别为自己找借口”的文案

这无形之中给我们带去了很多共鸣。如果细心观察，你会发现大量的成功学演讲，也是靠这个来制造共鸣。

抖音小课堂：

拍摄一个短视频，然后根据上述方法来做出四种类型的一句话文案，最后选择一组最能戳痛粉丝痛点的文案。

6. 如何在标题中引导粉丝

人们都说白酒中文案做得最好的是江小白。因为江小白的文案打动人心，善于引导用户。例如“总觉得没喝够，其实是没聊透。”“你内心丰富，才能摆脱生活的重复。”这些文案不但打动人心，而且能够给用户带去一种引导和思考。

这些文案似乎都不按常理出牌，却往往能在剑走偏锋，走出令同行咋舌不已的爆红速度，甚至因此收获了一大批品牌的忠实迷粉，让人大跌眼镜的同时却又羡慕不已。

在抖音的短短15秒视频中，如何凭借一句文案就红透半边天？看一下“霸王茶姬”的做法。

“霸王茶姬”是一个依靠抖音爆红的奶茶品牌。相较之前的答案奶茶，“霸王茶姬”更是给用户带去了无数的惊喜。因为用户可以从“霸王茶姬”的外包装杯壳中发现惊喜礼物。很多抖音小伙伴慕名前往奶茶店购买，纷纷撕开杯底，有些人撕到了迪奥口红，有些人撕到了古驰丝巾，还有很多惊喜小礼物。

当然，这是商家的营销手段，在这里不再详细阐述。我们主要研究的问题是这个奶茶品牌为什么会凭借文案在抖音火起来。

在抖音上有这样一条视频，其文案只有一句话，这句话非常有吸引力。因为这句话本身就是要一个问题，即“撕开的惊喜，你会尖叫吗？”

当粉丝看到这个文案题目时，就会很想知道到底是什么惊喜会让人尖叫，这个视频中的奶茶能不能给出一个满意的答案。于是顺着主播的视频，人们看到了“霸王茶姬”，看到了撕开奶茶杯底时流露出来的惊喜。

该视频获得了大量粉丝的热评，人们纷纷在评论中产生共鸣，甚至不断发问哪里有这家店。通过这个文案不但引导了粉丝观看完整视频，还让粉丝记住了这个奶茶品牌，不断寻求奶茶的店铺信息，甚至引发了霸王茶姬撕杯挑战活动，在抖音上更是异常火爆。

文案对抖音主播来说非常重要，不要以为有一支精彩的视频内容就可以火起来。事实证明，粉丝第一时间先关注到的是你的文案。

文案能力对抖音主播来说也许算不上是必修课，但如果要运营好一个抖音号，就必须要具备一定的文案能力。

那么，如何才能策划出好的一句话抖音文案呢?

■ 一句话文案的流程

第一，你需要准备一个空白文档。

在这个过程中，你需要详细了解你所拍摄的视频的各方面信息，包括：视频中展现的产品有哪些功能、价钱如何、什么人会用到它、性能怎么样、有什么优势缺点、适用于哪些场景等。如果视频是一个故事，那么要思考这个故事表达的是什么？针对的人群是谁？寓意何在?

第二，把视频的详细信息分条目在文档上列出来。

第三，根据上述信息，选取一个角度思考其创意，将视频的特点等信息转化成粉丝看得懂而且戳中内心的文字。

至此，一篇文案的大致工作就可以说是完成了。如果对文案的表达不满意，还可以修改文字、调整顺序等。

在这个过程中，最重要的是文案的创意。如何让文案尽显创意呢?操作方式很简单（见图5-6，下一页）。

图5-6　让文案尽显创意的操作方式

复制→转化→结合。

关于这个创造力的方式，总体来说，离不开对知识的积累、对事件本质的思考与洞察、以及对特点的结合，在这三个方面多做努力就能实现。

创意有了，接下来就可以尝试用合适的文字将创意表达出来。

■ 文案的写法要关系转化率

了解了抖音文案的流程，是不是就可以顺利写出点击过百万的文案呢？当然不是，我们还需要考虑到一个问题：文案的转化率。文案的最终目的是要引流，让更多的人看到并且点赞和关注你。

我们可以从以下几个维度来思考：

第一，抓住粉丝痛点。

痛点就是一定要触动粉丝的内心，这样才更能连接用户的情感，转化率自然而然就提高了。问题的关键在于，如何抓痛点？

找痛点不能凭空想象，要建立在切实了解用户的基础上，把自己当成粉丝来体验你的视频是一个不错的途径，只有这样才能切实提出问题，发现痛点。

还可以做足用户群的调查，了解你的目标粉丝群都喜欢什么样的视频，他们最为迫切解决的问题是什么。

第二，细节描述。

这一点与营造使用场景有些类似，具体到细节的描写能让你的视频特性更为直观，同时，细节的描写也让描述看起来更为真实可信，能让用户根据文字的引导，想象出视频的更多信息，也就能够更准确地权衡你的视频是否有趣味。

第三，站在粉丝角度，引导粉丝做出互动和思考。

在文案的策划上，我们还可以站在粉丝角度，用引导和询问的方式来引起粉丝的互动，然后引导粉丝做出思考。例如下面这个抖音视频的标题文案：“读心术，请用第一印象回答，你是用左脑还是右脑思考呢？”（见图5-7）

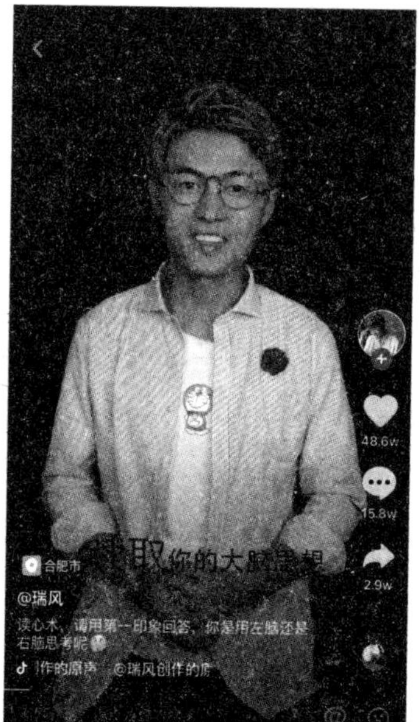

图5-7　引导粉丝的标题文案

这个视频点赞48万以上，有超过15万粉丝评论互动。因为标题文案带有询问和引导意味，所以更能激发粉丝的参与和互动。

抖音小课堂：

拍摄一段视频，在标题填写时，用15个字来打造一句话引导文案。

第六章

发布：找到抖音发布的七大规律

编辑好了文案和标题，接下来就是发布阶段。在发布阶段，我们千万不能盲目点击发布。在这个小小的“发布”功能操作中，隐藏着很多秘密。这里有七大抖音视频发布规律需要我们掌握。第一，@抖音小助手；第二，掌握@功能；第三，发布时发布抖音话题；第四，选择合适的背景音乐；第五，视频封面的选取；第六，发布要保存本地视频；第七，掌握抖音视频发布的黄金时间。

1. 发布视频时为什么要@抖音小助手

抖音的火爆，让很多人意识到了短视频的威力。因此，许许多多的人注册抖音，拍摄并且发布视频。但是有些人可以通过短视频火起来，有些人却“死”在了抖音的潮流中。为什么？因为那些成为“废号”的抖音用户没有真正意识到@抖音小助手的作用。

事实上，抖音小助手是帮助用户发布视频时上热门和获取更多点赞的利器。对于一些新手来说，非常适用。

■ 了解抖音小助手的作用

抖音小助手是抖音短视频官方账号专门评选抖音精品内容的服务助手。抖音用户在发布短视频时@抖音小助手，就有机会被“他”看到然后上精选。当然，这有一个前提条件，那就是内容足够好。

我们在抖音上搜索“抖音小助手”就可以关注它，并且看到每周的精品内容。从这里可以看到抖音的方向导向和抖音平台认可的一些视频方向，对用户拍摄和发布视频都有一些帮助。

在抖音页面搜索“抖音小助手”（官方），然后点击关注，会发现在抖音小助手的发布动态里面有大量的视频，这些视频不但点击量高，而且点赞也很高。视频内容大都非常实用，对新用户来说非常有帮助。

（1）发布最新精品信息。

抖音官方会通过抖音小助手来发布一些最新的精品和热门信息。例如打开抖音小助手，会看到大量的“抖音1周精品”。抖音小助手每周都会发布一个精品，让大家看到一周以来在抖音上呼声最高，最热门，最有意义的视频。

注意：这些精品内容都有助于抖音用户在接下来发布视频时作为参考。

（2）发布拍摄技巧和最新功能。

在抖音小助手中，还会呈现出大量的拍摄技巧，这些技巧可以帮助抖音用户更大程度上上热搜。例如抖音小助手推出了一个“添加定位，让更多人看到你的美好生活”的短视频。在这个视频中，抖音小助手给用户介绍了如何花样呈现定位，吸引粉丝的方式。

此外，抖音小助手还针对抖音的一些最新功能展开分析，给用户呈现出最好的使用方式。如2018年9月，抖音推出了“抢镜”功能，于是抖音小助手第一时间在其账号中发布了如何“抢镜”更能吸引人们关注的操作方式。

（3）发现并转发有意思的短视频；

在抖音小助手中，还有一个最强功能，那就是发现并转发有意思的短视频。换句话说，如果你的视频内容足够好，就会得到小助手的推荐，它还会亲自转发到官方平台，这样增加你上热门的几率会更大。

了解了抖音小助手的作用和功能之后，我们就要学会在发布视频时@抖音小助手。

■ 发布短视频@抖音小助手的步骤

想要顺利@抖音小助手，并且使其发挥作用，必须要按照下列流程步骤来操作。

第一步，想要在抖音里@抖音小助手，应该先点击主页左上角的搜索按钮，搜索“抖音小助手”关键字，然后找到官方账号，并且点击“关注”。因为只有成功关注抖音小助手之后，才能成功@对方。如果你没有关注，只是在发布视频时@抖音小助手，那么被它看到并且推荐的几率就会微乎其微。

第二步，选择好自己要发布的短视频，然后在发布页面，点击“@好友”选项，或者在评论时点击“@”按钮，都可以进入召唤好友页面搜索“抖音小助手”进行召唤。

第三步，发布短视频，@抖音小助手，然后点击发布（见图6-1）。随后打开自己的抖音主页，点击最新发布的视频，会在视频中看到抖音小助手的标志（见图6-2）。

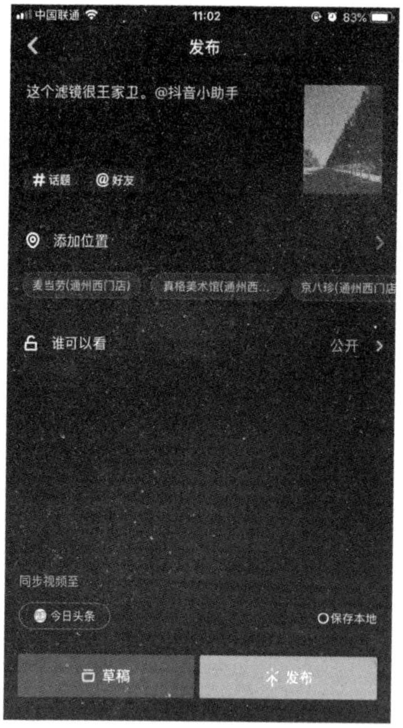

图6-1　抖音发布短视频@抖音小助手

图6-2　发布的视频中出现@抖音小助手的标志

第四步，在已经发布的短视频中，为了更大程度上“提醒”抖音小助手，我们还可以在发表评论时，@抖音小助手。点击评论，然后@抖音小助手，就可以成功发布评论（见图6-3）。

图6–3　在视频评论中@抖音小助手

抖音小课堂：

拍摄一段视频，编辑的文案、标题、选择音乐都相同。分两天，在同一时间段发布（或者分为两个号同时发布）。第一天（第一个号）发布时，不需要@抖音小助手；第二天（第二个号）发布时，需要关注并@抖音小助手。观看两次视频的点击量、点赞量、转发、评论，并作出总结。

2. 为什么视频发布时要学会用@功能

抖音短视频在发布时，有一个隐藏的小技巧，那就是“@”功能。如同微博一样，你想让谁看到你的微博信息，你就可以@谁。抖音也是如此，在发布一条新短视频时，可以用@功能来让你关注的人和关注你的人第一时间看到。

为什么我们的短视频要给特别的人看呢？

第一，可以@好友互相参与。

假如你发布的一个短视频内有你的抖音好友参与，那么可以@这个好友一起观看。如朋友聚会、一起唱歌、合拍等。在这些情况下，我们可以@好友，提醒对方，并且让好友一起转发点赞。

第二，提到好友。

假如你发布的一个短视频中无意或者有意提到了一位好友，也可以@这个好友，提醒对方观看。

第三，向对方发起挑战。

如果你在短视频中想要向你的好友发起挑战，可以@好友，并且同时发起挑战，向对方喊话，希望对方加入其中，营造一种气氛。

那么如何来使用这个@功能呢？

第一步，上传或者拍摄视频。

第二步，在发布页面上找到@好友的按钮。

第三步，点击@好友，就可以发现所有你关注的好友的下拉页面。

第四步，选择你需要@的人。

第五步，点击发布即可。

经过上述的步骤之后，你就可以轻松发一个视频，然后特别指定这个好友观看你的视频。

发布视频@指定的人时，我们还应该注意三方面。

第一方面，想要让自己的短视频发布更加火热，可以@一些明星或者抖音红人，这样可以为我们的短视频带来一定的流量。例如2018年10月有一部非常火热的电视剧《如懿传》，很多人在抖音短视频发布关于该剧的内容。想要获得流量，此时不妨尝试@一下这部剧的官方抖音号或者参与该剧的演员的抖音号。这样也可以在很大程度上获得热度。

此外，你还可以@同行的一些大号，让这些大号可以看到你，让他们的流量带动你的热度。

第二方面，@抖音小助手。抖音小助手可以帮助你推广抖音短视频。一旦你的短视频内容有趣味，深受粉丝喜爱，那么很可能会上热搜，为你带来巨大粉丝流。

第三方面，我们可以在发布视频@自己的小号或者其他便宜的账号，以此来引流。让大家关注你所@的号。例如下面这个短视频。“学摄影”是一个专门针对摄影教学的抖音号，为了可以带动该号的另一个关联账号，于是在发布一条视频时，特别@了“摄脉”这个号，吸引了粉丝点击（见图6-4）。

图6–4　“学摄影”利用@功能@“摄脉”

因此，我们可以根据情况来选择合适的@功能，充分发挥@的作用，让抖音短视频更加有趣味。

抖音小课堂：

利用@功能，发布视频时，@一位好友，时刻观看好友的抖音账号的增粉和视频点击量状况。

3. 为什么发布视频时要发起话题

要想让自己的抖音获得更大的关注，还需要在发布视频时，借助抖音平台的一些热门话题参与活动。换句话说，我们要抓住抖音官方的一些推广利器。

在发布一条视频时，在标题的“填空”中，我们还可以加入一些话题，特别是一些热门话题。

说到用户关注数的增加当然离不开短视频的曝光量，只有曝光量增加，才能让更多人看到，进而引导用户关注。这里特别要提的就是参与抖音平台的话题活动，流量不容小觑，增粉的效果也是很好的。

例如#跟着抖音游西安、#皮一下很开心、#海草舞等。这些热门话题带动了一大批热门短视频。

■ 时刻关注抖音小助手推送的热门话题

想要在视频发布时选择加入适合的话题，需要我们及时关注抖音小助手的推送。通常情况下，在抖音小助手这里，一些最新、最热门的话题会第一时间推送到用户的通知栏里。

打开抖音，找到“消息”，然后点击“抖音小助手”，会看到一大波的话题正在向你袭来。例如2018年10月，有一大波的抖音热门话题#我的创业梦想、#为中国电竞加油、#皮一下很开心、#你笑起来有彩虹出现……（见图6-5）

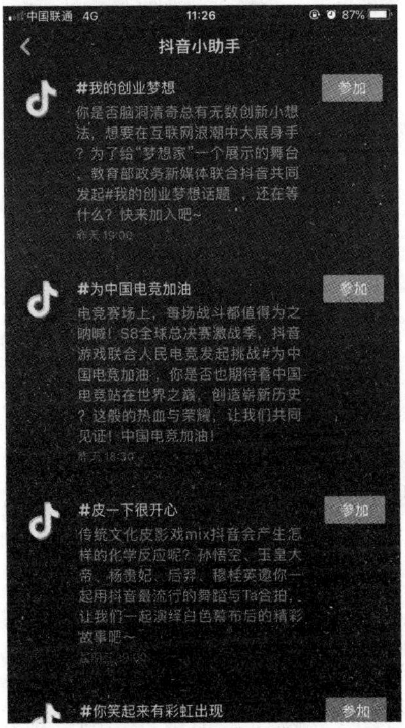

图6-5 抖音小助手推送的热门话题

点击任何一个话题都可以了解详情并且参与其中。我们以“#皮一下很开心”为例，看一下如何在发布时增加这个话题。

首先，了解一下这个话题的详情。官方给出的概念是：“传统文化皮影戏mix抖音会产生怎样的化学反应呢？让我们一起跟着孙悟空、玉皇大帝、杨贵妃、后羿、穆桂英、武松演绎陕西、北京、河北、云南等不同派系的皮影舞吧。抖音联合中国民协皮影艺术委员会、龙在天皮影艺术团、今日头条文化频道共同发起挑战#皮一下很开心，邀你一起用抖音最流行的舞蹈与ta合拍；或者拿起手机去拍摄你身边的皮影文化。让中国非遗在抖音成为头条。”（见图6-6）

图6-6　抖音话题#皮一下很开心

我们可以点击“参与”按钮，拍摄自己的技能视频并且发布。如此一来，你的视频就会出现这个话题中，如果你的内容有趣，技能独特，很快就会被推到前方，获得更大关注度。

例如下面这个视频来自“皮影爱好者”，发布的“快看~抖音最火舞蹈，全被他们玩坏了#皮一下很开心”（见图6-7，下一页）。

图6-7　“皮影爱好者”发布视频时参与话题#皮一下很开心

这个视频在短时间内获得了4.6万点赞，吸引了大量粉丝的追捧。

■ 根据视频内容来选择合适的话题

除了我们有针对性选择话题并参与之外，还可以把自己随便拍或者已经准备好的视频发布上传，然后在“标题”栏内，添加合适的话题。注意的是这个话题一定要与你的视频有关联，否则很可能会石沉大海。

例如你发布一条关于打游戏的，那么在关联话题时，需要找到与电竞、娱乐、游戏等有关的领域，这属于定位范畴。如此精准的定位，才能让你的视频发布更加有效，更能得到推广。

■ 新建话题

除了参与抖音官方或者大号发起的话题外，我们还可以在发布视频时，自己创造发起话题挑战。如果你的话题参加人数够多，那么直接曝光的就是你的抖音号，这会为你带来不可估量的粉丝、流量以及知名度。

下面是发起抖音话题的流程。

第一步，打开抖音APP，然后点击“+”发布视频。

第二步，选择你的视频上传或者拍摄，然后在“发布”页面上找到点击#话题，然后手动输入你发起的挑战名称。

第三步，添加新话题之后，点击发布即可完成发布新话题。

在发起新的话题时，我们还需要特别注意以下内容：

首先，你发起的话题一定要符合抖音粉丝的需求和兴趣。换句话说，你需要提前做好粉丝定位，观看用户群都喜欢看什么，针对这些需求来发起话题更有效果。

其次，借鉴以往参加人数众多的话题，借鉴他们的模式和简介，这样才可以让你的话题显得更有经验和成熟。

添加挑战话题之后，接下来需要通过多方渠道来宣传这个话题，希望有更多人来参与。如果你的话题举办得好，人气上升，那么作为发起人，你的抖音号自然就会获得更多的关注，你的知名度也会骤然上升。

抖音小课堂：

在抖音发布视频并发起一个新的话题，观看参加人数和热度。

4. 为什么选择合适的背景音乐很重要

想要在抖音发布视频获得人气和知名度，光有趣味视频还不够，还需要有一个好的音乐背景。这就好比导演拍电影，画面就算再美，没有背景音乐的衬托，也无法达到一个境界上的升华。音乐的作用就是提升整体视频效果，可以让粉丝的情感、心理与视频内容一起融合，提高感情升华。

一个富有情感境界的视频，一定会获得更多的转发和点赞。所以我们在做抖音视频时，需要选择合适的音乐做背景。

■ 选择添加背景音乐的流程

打开发布视频的页面，然后点击“选择音乐”会出现选择音乐的页面。在这里有众多流行的热门歌曲。用户可以选择最热的音乐作为背景，也可以根据歌单中的推荐来选择合适的音乐。如果你遇到喜欢的音乐，还可以点击收藏。

在歌单中，抖音官方平台给我们推荐了很多类型，例如热歌榜、飙升榜、流行、电音趴、原创音乐、国风、欧美，等等。根据我们的喜好来选择其中的歌单，然后添加或者收藏喜欢的歌曲（见图6-8，下一页）。

图6-8　选择音乐时的分类

在发布时，还可以剪辑音乐。在剪辑音乐时，可以左右拖动声谱以此来剪取合适的音乐片段。为了能够更好地突出背景音乐，在选择音量时，可以将视频的原因消除，这样更能提高音乐的作用。

添加完背景音乐之后就可以发布视频了。

■ 分析那些火爆抖音的背景音乐

添加背景音乐时除了要选择与视频应景的，还应该要考虑到音乐的火热程度。事实证明，在抖音火热的音乐更能引起人们的关注。因此，我们来分析一下2018年在抖音上火热的背景音乐。

1、《带你去旅行》

这首歌可以说是2018年抖音最火十大神曲之一中的NO.1。这首歌虽然节奏明亮，但是伤感程度爆表。很多人在抖音上最先发现是因为有一个抖音主播剪辑了一个《哆啦A梦》的短视频，其背景音乐就是这首歌，拍摄者用纸剪出电影中的主角静香与大雄，在用纸做成的各种背景中扮演故事，伤感至极。所以这首歌非常适用于有共鸣的情感类视频。

2、《追光者》

这首歌是电视剧《夏至未至》的一首插曲。词意真切，歌声款款是它的特点。这首歌中蕴含着一份单纯的爱意和坚定的承诺，令人听到纯真，听出故事。歌曲干净舒缓，歌词直戳心意，唱出一段难言的爱恋，让人不自觉地陷入对青春往事的回忆之中。这首歌非常适合呈现回忆、青春往事的短视频。

3、《凌晨三点》

这首歌是民谣歌手陈硕子的一首原创，一开始他在“大冰的小屋”酒吧驻唱，然后被粉丝拍下来发到抖音，很快得到了疯传，于是这首歌火了，陈硕子作为抖音音乐人也火了。这首歌不但具有民谣意味，而且感情深厚，特别适合深夜发布抖音视频。

4、《IT G Ma》

这首歌在Youtube上传仅一个月，播放量就超过百万，截至2018年7月，这首歌拥有5000万的播放量。在抖音上，它主要被抖音用户用来制作各种表情怪异的视频，也引得很多人的关注。

5、《Panama》

很多人在抖音上都被“C哩C哩”这个歌“洗过脑”，甚至有人认为，如果你没听过“C哩C哩”都不好意思说自己是抖音人。《Panama》这首歌是由由罗马尼亚歌手Matteo演唱的歌曲。这首歌欢快动感，因此非常适合那些搞笑短视频。

6、《PLANET》

《PLANET》是日本组合lambsey演唱的一首歌曲。在2006年的时候就已经正式发布了，但是这首歌在2018年通过抖音才真正火起来。

这首歌清澈深情，直击灵魂，但凡是听过，都会忍不住跟着哼唱起来。这首歌由于歌词甜美，演唱者动情表达，所以比较适合甜蜜的视频。例如求婚、婚礼、美好的事物、正能量等。

抖音小课堂：

根据《凌晨三点》这首歌的意境来拍摄并发布一个短视频。

5. 为什么视频的封面选取关系到点击量

通常情况下，作为一个零基础的抖音用户，每个短视频只有15秒的时间。15秒时间的确太短，它像信息流广告，又像贴片广告，很难让粉丝喜欢。然而，依然有些抖音用户利用这15秒的时间夺取了眼球，拿下了重要资源。原因是什么？因为他们在发布视频时，懂得在封面上做文章。

看一下选择一个好看的封面和不好看的封面的区别。

一个叫“蕾啊蕾”的抖音用户，点开她的抖音页面，发现她只发布了几条短视频。其中有一条视频获点赞40多万，而其他十几条视频的点赞只有几十个（见图6-9，见下一页）。这种差别来源于什么？主要是封面。这个点赞超过40万的短视频有一个漂亮的薰衣草走廊的封面。实际上这个短视频内容很短，而且也没有什么新奇，但是封面却非常唯美浪漫，不但为她赢得了40多万点赞，而且还为她增粉两万。

图6-9　“蕾啊蕾”抖音用户的封面差别和点赞差别

很显然，一个好的封面可以获得更多点击率和点赞，下面介绍一下在抖音发布短视频时做封面的一些小技巧。

■ 封面要与短视频内容相契合

我们都知道，在发布抖音视频选择封面时，是要根据视频中出现的画面选择的，换句话说，你的封面一定是来自你的视频内容。因此，想要在封面上获得好评，需要截取一个有创意的封面。

其操作方法是。

在拍摄一段视频发布时，点击画面中的“选封面”按钮，然后进入视频的选择封面过程，你可以拖动画面，选择自己喜欢的视频画面作为整个短视频的封面，然后点击“完成”，封面选择就完成了。在封面的选取上，需要结合我们自己的产品或者输出内容去找特点。

如何在封面上体现出你的内容特点呢？下面一张图教会你这个方法。（见图6-10）

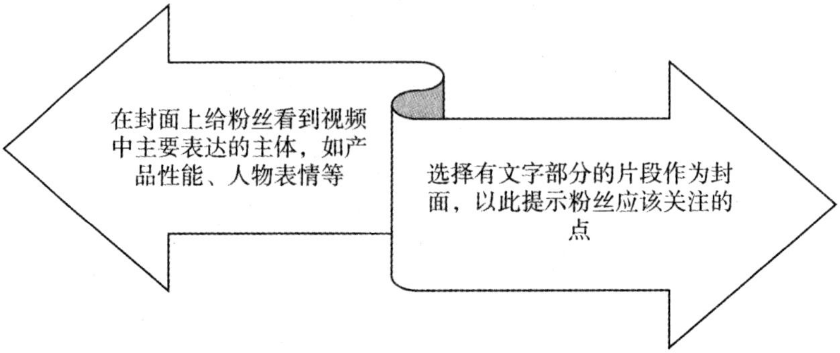

图6-10　如何在封面上体现出内容特色

（1）在封面上给粉丝看到视频中主要表达的主体，如产品性能、人物表情等。

（2）选择有文字部分的片段作为封面，以此提示粉丝应该关注的点。

这两点就是封面作为视频“引子”的作用，粉丝看到封面之后，如果是自己需求的，或者心里喜欢的，自然想要点击观看。所以，封面必须要结合输出内容展现出特点。

■ 选择动态和静态封面

抖音短视频的设置中，短视频默认的封面方式往往是动态模式，也就是大家通常一打开关注的抖音号，对方的每一个作品的封面都是动态的。这样的封面比较吸引人，能够给人在内心产生一种想要点击的渴望。这种方式，对那些有趣、搞笑的短视频是一个不错的选择。

但是有些粉丝就是喜欢静态封面，不喜欢满屏都在“动”的视觉效果，这时候我们就需要选择一张静态的图片作为封面。下面是静态封面的设置方式。

第一步，点击抖音主页中右上角的“…”选择“通用设置”。

第二步，在“通用设置”中找到　“动态封面”，并且点击关闭按钮，此时封面就会为静态。

■ 封面颜色要对比强烈，像素要清晰

一个抖音封面的颜值体现在哪里？很重要一点就是色彩。在这里有两种色彩方面的技巧可以采纳。

（1）颜色要鲜明，给粉丝一种强烈的视觉冲击感。

选择这样的封面也比较有意思，粉丝在浏览时，起码在视觉上会受到冲击，从而会有点击的欲望。

（2）颜色对比鲜明的封面。

在抖音的视频拍摄中，我们比较提倡这一种选择封面的方式，因为颜色对比鲜明会给人一种艺术感，同时也能体现出你的构图和色彩水准，给人一种专业的感觉。此外，颜色对比明显的图片也能在第一时间抓住人们的视线，会让你的封面在众多图片中脱颖而出。

（3）像素要清晰。

短视频的封面一定要选择清晰的片段，因为这关系到粉丝观看时的第一选择，也方便粉丝将抖音用户的内容尽收眼底。

抖音小课堂：

发布一段视频时，分别做动态封面和静态封面，然后根据对比，做出数据分析。

6. 为什么发布视频时要保存本地视频

发布抖音短视频时，我们还需要进行一个隐形操作：把视频保存在本地。下面看一下具体的操作步骤。

第一，保存喜欢的视频。

当我们在刷抖音时，往往会遇到这样的情况：非常喜欢一个人的视频，想要经常观看。于是就可以点击该视频下方的转发按钮，出现一系列的功能，找到“保存至相册”（见图6-11），然后就可以将视频保存在手机相册之中。

图6–11　本地保存喜欢的短视频

我们返回相册就可以查看刚才保存的视频，方便日后保存、转发等。

第二，保存自己发布的视频。

我们在抖音发布一条视频时，在最后的“发布”阶段，有一个小小的功能“保存本地”，将这功能打勾（见图6-12），那么你所发布的这个视频就会被保存在手机文件中。

图6–12　发布抖音短视频时保存本地

为什么要在发布视频时保存本地视频呢？

（1）为了可以保存视频，防止丢失。

当我们拍摄了一个优质的视频时，虽然发布，但也可能会丢失。例如误删，一旦删除就无法再找回。这时候，保存本地视频，我们就能随时在手机本地文件夹中找到该视频。

（2）为了转发到其他网站。

当我们发布了抖音短视频之后，为了快速上热门，很多时候需要将其视频转发到其他网站，即增加转发量。这时候就可以去本地手机相册中找到该视频，然后转发到微博、朋友圈、QQ等网站。

（3）为了让其他人第一眼看到你的抖音号。

保存本地视频之后，在手机本地相册中打开保存好的本地视频，会发现在视频的左上角有一个抖音的logo，此外还有你的抖音号。如此一来，不管你将视频转发到哪个网站，看到的人都会看到你的抖音号，有利于增加抖音粉丝和传播。

（4）方便第二次发布视频。

很多时候，你认为拍摄的短视频非常优秀，但是在第一次发布的时候不一定能火。这可能与你发布的时间、平台推送的机制、平台算法等有关系。这时候，你需要进行将优质视频第二次发布。只有先保存本地视频，才能在第二次快速发布。而且第二次发布也能将你的抖音号直接展现在视频中，有利于增粉。发布时，还可以在标题中加入这样的一句话“听说第二次发会火。”以此来勾起粉丝的积极性。

上述这些内容就是为什么要在发布短视频时保存本地的原因。懂得了这些道理，你才可以真正掌握一个短视频会火的方法和技巧。

抖音小课堂：

发布一条短视频时，保存本地，然后将视频转发在微博和朋友圈，同时，在第二天的不同时间段发布同一条视频，观看其不同。

7. 为什么同一视频不同时间发布效果差那么多

有一个抖音网友，拍摄了一段视频，然后在下午6点左右发布到抖音上。短时间内，这条视频获得了上千个点赞，点击量在3万以上。这位网友认为这个视频深受粉丝欢迎，于是第二天早上9点左右，他将该条视频保存本地，并且第二次发布到抖音，他以为能够再次火起来，没想到这次视频的点击量只有不到100，点赞只有2个。而且很长一段时间内都没有更多的点击量，很快这个视频就彻底“死”了。

■ 找准两个黄金时间段发布抖音视频

很多人一定非常纳闷，发布两条相同的视频，为什么最后效果相差那么多？因为你没有搞明白发布抖音的准确时间点。

我们可以选择在上网的高峰时间段来发视频，这样自然也就意味着有更多的人来看到你的视频。正常情况下，每天一共有两个上网的高峰时间段：第一，17点-19点，第二，22点-24点。

在这两个时间期间，人们最容易刷抖音，因此抓住这两个“流量时间”来发视频更容易被大家发现并认可。

下面看一下“sweet tea”这个抖音号的两个视频对比。

场景描述：该抖音用户制作了两个在内容上大致相同的视频A和B，两个视频都是关于回忆经典影视明星的短视频。

发布时间：A视频在夜晚22:30左右发布；B视频在上午10点左右

发布。

统计：A视频播放量1.5万次之多；B视频播放量只有54次（见图6-13）。

图6-13　抖音主播“sweet tea”发布视频不同时间的效果差别

这充分说明抖音短视频发送时间给抖音主播带来的是流量上的鲜明对比。所以，同样的内容在更加准确的时间内发布，其效果是截然不同的。

■ 不同类型的视频，发布时间也要不同

随着短视频越来越火爆。抖音主播们在什么时候发布信息，效果最好呢？下面这些盘点信息，抖音主播们必要了解一下。

（1）经管类的短视频，最佳发布时间下午13点-16点左右。

为什么经管类的内容需要在这个时间内发布呢？因为大部分的白领阶层或者上班族在这个时间段会休息，也就是所谓的“下午茶时间”，在休息时他们会进行手机浏览信息。没错，白领阶层、上班族等职场员工都是这类短视频的目标群体。

此外，这类用户还往往会在下午开会，而在开会时通常很无聊，这时候他们会选择静音刷抖音，经管类短视频通常图文形式（PPT方式）发送，所以特别适合在这个时刻映入目标群体的眼帘。

（2）幽默搞笑短视频，最佳发布时间是在中午12点-下午14点之间。

抖音短时间中不乏很多幽默搞笑的短视频，这类视频非常受欢迎。但是这类视频也有它最佳的发布时间。通常是中午12点到下午14点。因为这个时间是大多数人的午餐时间。午餐时间也是一个休闲放松时间，大家喜欢在这个时间内放松精神，让自己有一个愉快的休闲时间。

（3）萌宝宝和萌宠视频，最佳发布时间是在晚上20点-21点黄金时间段。

如果你想要发布关于萌宝宝或者萌宠的短视频，那么最好选择晚上20点--21点。妈妈们喜欢在忙碌了一天时间之后，在抖音上寻找各种创意和育儿视频。因此晚上空闲的时候发这种短视频最好。

（4）心灵鸡汤、情感类视频，最佳发布时间是在晚上21点之后。

心灵鸡汤类的短视频一般需要人们在安静的时间内阅读和观看。因此，在抖音上发布心灵鸡汤的短视频，最好在21点之后。这个时间内，粉丝通常吃完晚饭，在看电视或者是阅读，人们的精力比较集中，心灵也更加脆弱，很容易被一些柔软的鸡汤类小视频所攻克。所以在这个时间内发布情感、心灵鸡汤短视频最有效。例如“一禅小和尚”抖音号，该抖音号的短视频主要是情感类鸡汤，往往都是在21点之后发布，每个视频都有几十万到几百万的点赞。

（5）旅行、创意短视频，最佳发布时间节假日的18点之后。

还有一类短视频比较奇特，这类视频大都是一些非常有创意且独具一格的视频，例如“黑脸V”的视频，再或者一些其他的旅行视频，带你游走大千世界的景色。这些视频发布的最佳时间是节假日的下午18点之后。因为在节假日，用户往往是度假阶段，会很向往这类视频。其次，晚上18点之后发布是因为这个时间点是用户在路上、用餐、聚会的时间，这些时间内最容易接受新鲜事物。

抖音小课堂：

每次发布抖音视频时，都尽量选择在晚上21点之后发布，这样可以大大增加点击量。

第七章

引流：新号迅速吸粉百万的八个妙招

说到抖音的引流，主要就是吸粉。如何快速吸粉百万，其实是有技巧的。当我们发布完一个视频之后，可以吸粉的技巧有很多，例如通讯录裂变，大小号互推，蹭热点吸粉，微信微博吸粉，等等。这些吸粉引流的技巧都必须要熟练掌握并且运用，只有不断运用才能让抖音粉丝越来越多。

1. 如何利用通讯录好友来迅速裂变

在抖音的引流中，我们必须要明白一件事：不可以放过任何的推广营销机会。当然了，这是一个持续性很长的工程，非常艰巨。但是我们可以先从熟人这里开始引流，例如通讯录裂变，让熟人知道你的抖音。

一般情况下，很多社交软件或者自媒体平台都能上传自己的内容，一旦你上传了自己的内容，这些软件和平台都会鼓励你分享到朋友圈或者微博等社交媒体，抖音更是如此，但是抖音做得有些不一样。抖音的不一样之处在于鼓励你将内容@通讯录的名单，让你通过通讯录扩散，这就叫熟人营销。

这种方式的本质是鼓励你同步通讯录。这一招对推广非常重要，一旦用户上传到通讯录，那么用户在抖音上上传的任何信息，都会通过系统推送给你的通讯录好友。

举个很简单的例子，假如你的好友在抖音上上传了一条视频，你作为对方通讯录的一员，会在第一时间看到，并且去围观。同理，你发布抖音也是一样，你的通讯录好友，下载了抖音看到了你，那么他也会同步自己的通讯录，通过这样不断的通讯录裂变，会越来越多的用户加入抖音，了解你的抖音。

这个是非常重要的一个推广套路，比你天天花钱投放渠道的效果好多了。所以通过通讯录裂变推广是一个非常重要的推广套路。

我们来看一下具体的操作方法：

第一，注册抖音，打开抖音主页，会看到在右上方有一个类似通讯录（邀请好友）的标志。

第二，在“发现好友”的页面中看到“查看通讯好友”的按钮（见图7-1）；

第三，进入“查看通讯录好友”页面，看到通讯录的内容（见图7-2）；

图7-1　“发现好友”

图7-2　抖音通讯录

第四，在“通讯录”页面中找到你的通讯录里面玩抖音的人，然后添加关注或者发消息。

此外，与通讯录里邀请类似的功能，还有邀请QQ好友、邀请微信好友。这些方式都能让我们得到快速裂变，增加粉丝。

利用通讯录营销通常有三个目的和作用：

第一，客户裂变。

做营销都懂得一点：发动客户口碑去传播带来新的客户，永远是最厉害的营销手段。

例如Facebook，最初在推广阶段，也用的是熟人裂变，即让每个注册用户自动给自己邮箱通讯录中的好友发邀请链接，于是形成病毒式推广，迅速火了起来。

微信刚开始火的时候也是利用了类似的方法，每一个开通微信的用户，微信都要读取你的通讯录，然后邀请通讯录中的好友开通微信。

抖音之所以发展得迅速，也是利用了客户发展客户的模式，抖音的核心营销模式就是裂变。

在这里有一个问题，那就是如何发动熟人推广熟人？

在这里并没有实际的条框做法，我们需要的是根据不同的用户特点，策划不同的裂变模式，真正掌握了裂变式推广，你就不会再缺抖音粉丝了。

第二，好友裂变。

不仅是通讯录，我们还需要地毯式寻找一切的社交软件和平台，然后邀请这些平台的好友关注自己的抖音。此外，在裂变时，可以给对方一些好处，让对方再去裂变他的好友群。

要想抖音粉丝快速裂变起来，你必须要设计好裂变的“鱼饵”，这样你的裂变机制，才能快速有效的运转起来。一个好的裂变鱼饵，必须符合几点（见图7-3）：

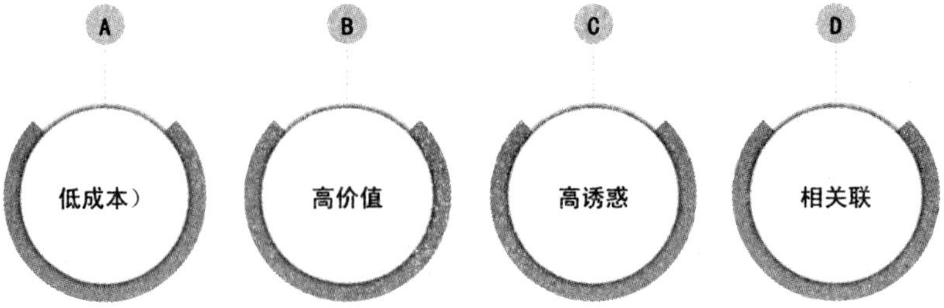

图7-3　裂变鱼饵符合的条件

第三境界，裂变完成之后的境界。

抖音的熟人粉丝裂变完成后，必须要有价值输出或者强大后端产品：首先，一定要有价值内容分享，为增员开启新一轮的裂变；其次，要有一个强大的后端产品支撑，来转化你的粉丝。

抖音小课堂：

发布一条视频，然后去通讯录里面观看好友的抖音，并且关注好友，给好友视频点赞，发留言。

2. 如何用小号在大号上点赞评论引流

在抖音的引流中，有一种方法非常有效，那就是用小号来推大号，从而引起广泛关注。看一下，小号推大号的主要理论点：大号先养小号，然后用养成的小号来推大号。

既然明白了道理，下面我们来看一下具体如何做。

■ 小号推大号的流程

第一步，我们先注册几个小号，养一下。千万不能让营销的成分太明显。

第二步，大量关注一些明星、网红等热门的账号。

第三步，去评论区发布引流话术。例如“想看更多精彩视频请点击→@你的大号。”

在这里要注意几个小问题：

（1）话术最好提前编辑好，一定要特别一点才吸引人。

（2）小号的头像尽量要体现出专业的特点，例如头像和个性签名，这些都是粉丝第一眼能看到的东西，因此要特别做好设置。

例如下面的一个案例。抖音用户“用户895791”在某大号的一个美食视频中推自己的大号“sweet tea”（见图7-4）。

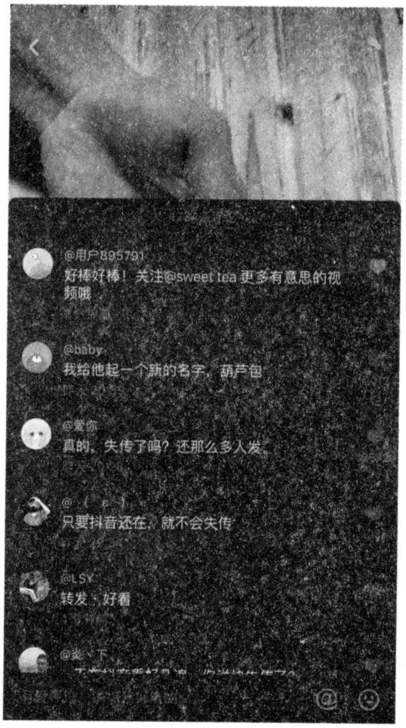

图7-4　小号在某热视频中推大号

此外，我们还可以先用附近的人这一栏来吸引粉丝，招一些小代理。每个账号最好一天发布五条左右，每天发布作品一到两个上热门的概率会比较大，同一天三个作品一起上热门真的有点困难。

■ 小号在大号中点赞发评论

除了利用小号在其他人的热播视频中@大号之外，还可以利用小号来为大号刚发布的视频点赞和发表评论。

一个刚发布的视频一开始往往没有太多的点击量。根据抖音平台流量池的推送，一开始只有300个推送。如果在这第一波的流量池中没有更多的点赞，就无法带动你的视频火热，也就无法在下一波的推送中获得好成绩。

因此，我们可以借助一些小号为大号点赞，只有这样，你的大号发布的视频才会有热度，进而产生更多的点击和点赞。

关系到视频热度的元素不仅是点赞，还有观看视频完整度、转发、评论等。这些功能都可以利用小号来完成，让大号的视频可以不那么“死气沉沉”，当大号活起来的时候，也会带动小号的流量。

■ 大号推小号机制

除了用小号来推大号，其实大号也可以推小号。做抖音的最大目的就是引流，用大号来推广自己养的小号，可以让更多流量流入自己的流量池。

做法很简单。在发布抖音标题时，可以直接@小号，也可以在评论里面进行和粉丝互动时指引粉丝关注小号。但并非所有的小号都可以推广。大号之所以会积累那么多粉丝都是用心经营出来的。一旦你推广的小号质量很差，而且毫无营养价值，粉丝不但不会关注你的小号，而且还会对你的大号很失望，甚至脱粉。

因此，大号在推广小号时，一定要注意小号和大号的关联性价值。

这需要满足几个条件：内容相似、风格相似、价值观相似、粉丝属性相似。举个例子，如果你在做办公软件培训的抖音号，那么可以一个大号推几个小号，这几个小号都必须与办公软件有关，例如一个专门是Word教程、一个是PPT教程、一个是Excel教程，等等。这样的小号和大号其关联系性就很高。

当然了，你所推广的小号在关联性上有了共性之后，还需要考察它的价值，换句话说，小号的价值一定要高，给粉丝带去的干货要多。

（1）可以给粉丝带去实用价值的干货。

（2）戳中用户痛点的内容。

（3）简单操作的信息。

（4）具有正面引导意义的信息。

具备了这几个价值特性之后，你的小号就非常值得推广，而且也自然而然会被大号的粉丝关注。

■ 小号推大号评论区的准备工作要做好

在抖音大号的一些评论区做引流，这个方法看上去很简单，但是很多人的评论都石沉大海，根本收不到效果。为什么？

因为你不懂得用话术来“勾引”粉丝，即学会有效的评论话术，这需要你在评论话术上多下功夫。

我们不能打无准备的仗，下面是专业的话术引流定位（见图7-5）：

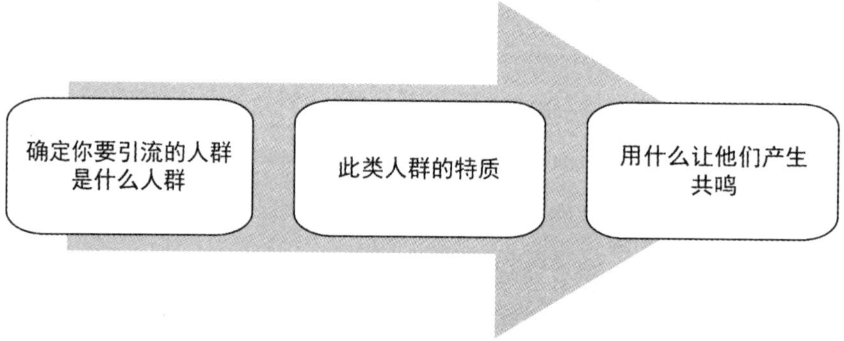

图7-5　专业话术引流定位

粉丝很讨厌硬广，甚至只要看到就会拉黑，因此，我们在大号的评论区进行引流时，一定要注意定位分析，这样我们的话术才会避免硬广。

例如：

A：“关注抖音号@xxx，观看精彩视频。”

B：“发现了一个特别精彩的视频　@xxx。”

这两个话术哪个更好，很明显B略胜一筹。

抖音小课堂：

用两个手机号或者微博号注册两个抖音号，然后互相关注、点赞、评论和转发，然后观察其引流效果。

3. 如何留住老粉又能吸引新粉

在抖音的引流中，我们要想办法让老粉丝留下来，同时还要带动新粉丝，吸引更多新粉，也就是裂变，增加自己的粉丝量。

抖音平台如果不能聚粉，就会失去其存在的价值。抖音的一切其实就是为了获取粉丝，包括所有的新媒体营销，其一切目的都是为了获取高质的粉丝。

那么到底用怎样的方式来进行抖音引流，才能留住老粉，增加新粉呢？

下面我们来看一下，在抖音引流中应该如何实现这个效果。

■ 打造抖音的个人IP

许多人发布的抖音，也许有几条好的内容，但也许又有很多不是很好的内容，总之，很快就死了，很多抖音号变成了僵尸号。但是你却发现身边的很多人，或者你关注的一些人的抖音号依然玩得风生水起。这是为什么?

这其中最关键的原因就是别人的抖音号有独特的魅力和个性，即形成了自己的IP。普通人做抖音号往往是拍摄了一个好玩的视频发布到平台。但其实，真正做大的抖音号，并非如此，那些大的抖音号对粉丝来说，是一个有血有肉的新鲜的存在，他们乐于分享，并且有自己的风格和特色，而且粉丝也愿意和他们交流产生互动。

所以，想要让抖音号留住老粉丝，吸引新粉丝，必须要具备个人IP属性:

(1) 有自己的风格。

你的抖音风格在一开始就要设立，例如你是走模仿风路线，还是走唱歌路线，或者走搞怪路线等。

(2) 每条视频都要反映自己的个性特点。

确定了第一条的风格之后，接下来的每条视频都应该反映出自己的个性特点。

(3) 视频范围要专一。

确立视频的领域属性，并且牢牢地守护在这个属性范围之内，千万不要跳脱出这个圈子，否则粉丝的属性就会发生变化，也就很容易脱粉。

(4) 给抖音号赋予人格化。

无论你发布的是什么类型的视频，你都应该把你的抖音号赋予一定的人格化，换句话说，将抖音号看作是你的化身或者分身，时刻让它保持新鲜感和活力。

■ 具备共享的平台思维

如果你想吸引更多抖音粉丝的关注，那么你就必须有满足粉丝各种价值需求的能力。

一个优质的抖音号，必须拥有众多优秀的内容，才能吸引众多眼球和关注度。这其实就是我们所说的平台思维，它是一种开放、共享、共赢的思维。

对抖音用户来说，想要做到这一点，必须要持续不断地输出优质的内容。

因为我们存在于一个信息泛滥、信息碎片化严重的时代，经过整理的优质内容很容易得到青睐，因为你不仅帮粉丝节约了时间，还向他们输送了有价值的内容。例如罗辑思维的抖音号，就是利用平台思维模式的共享特点，产出众多优质的内容。这也必须要有分享意识，唯有如此，才能进行资源运作。

当粉丝数越来越多的时候，平台上的这些粉丝就会变成资源。资源当然就可以拿出来使用、交换和变现。这就形成了粉丝经济。粉丝经济可以为我们带来更大的引流，让老粉带新粉，让新粉留下来，成为忠实粉。

■ 把所有粉丝都当成你的客户

首先我们来弄清楚两个概念，粉丝和客户。

粉丝是喜欢你的人，大多数是因为喜欢你的IP风格或者个性，甚至对你形成一种追捧和模仿。而客户则是真正花钱来购买你的产品或者服务的群体。客户购买商品后，商家必须要和客户保持联系并且要对它卖出去的商品负责。很多人认为，在新媒体时代，没有客户只有粉丝。实际上这是不对的。

粉丝往往是自发性的，而客户则需要我们去维护、去跟踪、去服务。后者更需要始终保持联系。如果想通过抖音引流甚至实现变现，那么就要把平台输出内容的受众也就是粉丝当成客户对待。这需要我们花心思在怎么留住客户上，因为只有客户才能给我们带来更大引流，创造利润和价值。

■ 打造多个媒体传播渠道

要保证粉丝稳定增长，还需要拥有多个有价值的输出渠道。一个平台，想要源源不断地获取高质量的粉丝，最好就是为自己的平台准备一些高价值的推广渠道，比如、本地微博频道、意见领袖公众号、互联网平台、移动APP等。

借助更多的外在媒体平台来推广自己的抖音号，让更多的粉丝知道你的抖音号。同时也给新老粉丝带去“你的抖音号很知名”的一种效果，如此便不容易脱粉。

■ 多给粉丝发送福利

想要留住新老粉丝，有一个非常有效的诀窍，那就是发福利。我们经常在微博中看到有些博主过了百万粉丝之后就会发送一些福利，粉丝非常高兴，仿佛得到了满足。抖音也是一样，当然，这需要你提前做好粉丝调查，例如“如果我的抖音涨粉到10万，我就发跳舞的视频。”或者“涨粉百万之后，发送独家靓照。”

这些方式可以在很大程度上满足抖音粉丝的需求，然后让他们会更加坚定地成为你的忠实粉。

抖音小课堂：

在发布视频时，标题中可以加入和粉丝互动的话语，了解粉丝的需求，然后在下一次发布视频时，赠送福利。

4. 如何通过蹭热点快速吸粉

任何做抖音运营的人都希望发布视频之后，获得百万点赞，乃至获得百万粉丝。想要获得这样的效果，我们必须要懂得抖音的引流方案，其中一点就是通过蹭热点来快速吸粉，以此来增强自己的影响力。

这需要我们及时关注当下热门流行的爆点，例如“国庆节”“开学季”“双十一”等因素。事实表明，抖音视频想要红，需要借助外在的热度，给你的视频加一点料，自然就会更加火爆。

■ 蹭热点发布抖音视频的流程

很多人也知道蹭热度可以让抖音上热搜，但是却不知道如何运用这一法则。一旦毫无程序地蹭热度就容易显得杂乱无章，效果便不会显著。

下面看一下正确的蹭热点的流程。

第一，明确哪些热点可以蹭。

每一个热点出来之后，往往都会快速吸引一大批关注的目光。这时候，你需要从热点本身出发，科学地“蹭”。这首先就要知道哪些是可以蹭的热点。

打开抖音首页，点击搜索页面，会出现“抖音热搜”的页面。这是抖音最热门、最流行、最有趣的热搜榜，在这里有一大波热点袭来。

（1）负面的信息不要蹭。

（2）热搜榜下降的甚至过时的热点不要蹭。

（3）政治、宗教等新闻不要蹭。

那么我们应蹭什么样的热点呢？下面几个点是需要蹭的热点（见图7-6）。

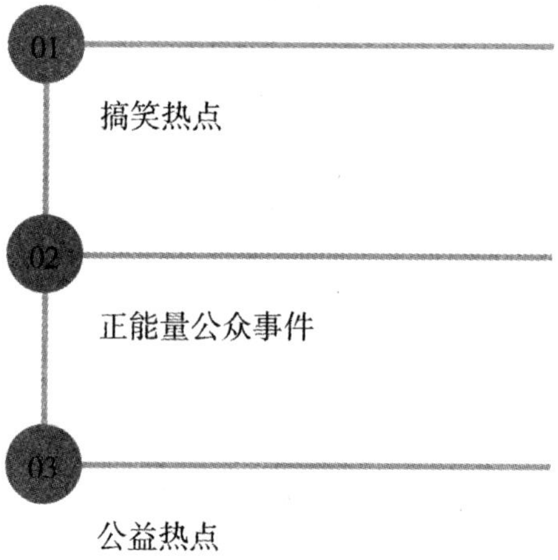

图7–6　需要蹭的热点

下面我们以“小黄鸭装甲进化”这个热点为例。该热点在2018年10月的抖音热搜中有一百万多的热度，吸引了一大批小伙伴的围观。

原视频是一个女孩穿着一个黄色T恤衫在跳一种类似“小黄鸭”的舞蹈，舞蹈非常可爱和俏皮，很快就被大家模仿，更是被人们做成了小黄鸭的表情包。于是“小黄鸭”的舞蹈和表情包在抖音上便随处可见。

一个叫“脑洞阿遂”的抖音用户发现这个热点非常值得蹭，于是制作了一个“小黄鸭装甲进化”的动图小视频发布在抖音，很快就被推上了热门，视频极具故事化：该主播将小黄鸭变身为了七个“葫芦娃”，还有一只小黄鸭爷爷。故事中，小黄鸭爷爷被妖精所杀，七个小黄鸭为了给爷爷报仇，开始装甲进化，成为了“可达鸭”，爷爷苏醒过来（见图7-7）。

图7-7　抖音用户“脑洞阿遂”蹭“小黄鸭”热点发布视频

整个视频非常有意思，而且极具动画色彩。因为蹭了小黄鸭这个热点，该视频在短时间内获得了39.9万点赞，高达4万转发。

由此可见，蹭热点对抖音运营的作用如此之大。另外，在蹭热度时，千万不盲目跟风炒作。

第二，学会借势。

找到热点之后，在抖音发布视频时，加入热点信息，例如在标题上都可以带有热点的元素，吸引粉丝关注。还是以上述为例，“脑洞阿遂”发布的那条蹭小黄鸭的抖音视频，其内容标题为：“小黄鸭爷爷已经被我杀了，听说他的子孙们要来找我报仇。”

在该视频的标题中，加入了‘#我也是只小黄鸭’的热门话题，然后用拟人化剧情的方式参与了小黄鸭的热点，成功吸引了人们的关注。

第三，借势之后，要通过对比衬托出自身的优势。

通过对比环节的巧妙设计，拿出自己具有独特卖点的视频“强势”，在粉丝面前展示，这样会给你的视频增加吸引力。

很多人认为，蹭热点来引流推广营销越来越大众化，只要有热点事件，我们都要尽可能往上靠。实际上不然，我们要在蹭热点时特别注意个小细节。

(1) 分辨热点的好坏。

为了更好的营销，吸引更多眼球，也为了所谓的流量。营销运营的理论是先把热点蹭了再说，坏声音好过没声音。但是，现在是互联网的文明时代，粉丝需要的是正面的信息，那些所谓的“坏声音”可能短时间内能让你知名度大增，但是却不能长久给抖音主播带来流量，甚至久而久之会流失粉丝。因此，我们需要分辨热点的好坏。

不管是做生意，还是做企业，多点正能量才会被认可。在抖音平台上，你代表的是你自己，也可能是企业，或者品牌，所以什么该做什么不该做，希望抖音用户可以正确对待，务必要给自己或公司树立一个比较正面的形象。

(2) 优化热点。

我们在蹭热点时还应该要优化热点，让你的抖音内容更具深度，这样才会易于传播品牌价值文化，并且可以作为一个起点来衍生建立属于自身的“热点”。

■蹭热点的关键是速度和互动

想要自己的抖音短视频热度够高，就需要遵循蹭热度的关键点。

（1）速度要快。

热点事件也好，娱乐新闻也罢，或者热点人物，往往都会在短暂时间内火爆，一段时间之后就会消沉，新的热点就会代替以前的热点。所以，我们一旦抓住了一个热点，就必须在速度上把握好时机，快速出击，才能掌握主动权。

（2）互动性要强。

在抖音中利用热点来发送短视频时，需要注意的是加强互动。人是群居的高级动物，任何人都在参与这个社会的发展。而且这些热点信息本身就有很多用户参与其中。所以，体现用户参与感也是抖音蹭热度的关键。

此外，你的热点视频还需要有创意。无论我们蹭的是什么样的热点，在抖音短视频中应该加强创意展现，尤其是标题文案的凸显。我们不能只是把热点拿来复制粘贴在抖音短视频的文案上，还应该加强其文案的创意性。

抖音小课堂：

打开抖音热搜榜单，首先鉴别出哪些是可以蹭的热点信息，从中挑选一个可以利用的热点，然后拍摄一段视频，在标题文案中加入热点信息，并发布。最后，观察其点击量数据。

5. 如何用微信疯狂吸粉

通过微信来为抖音引流是一种很有效的方式，随着微信的普及，微信越来越多地成为人们社交的必备软件，所以微信推广势在必行。尽管如此，我们更不能盲目微信营销，而是要清楚微信吸粉的方法和技巧。

■ 朋友圈推广抖音

微信最直接也最有效的引流方式就是朋友圈引流。我们可以在朋友圈内发布抖音短视频。

(1) 直接把抖音中的短视频分享到朋友圈。

在抖音短视频的转发功能中，有一个转发到朋友圈的功能。我们可以点击这个选项，将抖音视频一键转发都朋友圈。这样你的朋友圈好友就可以看到你的抖音消息。如果你的视频有趣好玩，朋友圈好友就会关注。当然，这种方法不能太过频繁，否则会被朋友圈好友屏蔽。

在这里要注意的是，朋友圈只能发布10秒钟的视频，如果你的视频时间过长，则需要编辑。

(2) 在朋友圈发布你的抖音信息。

还有一种方式是将你的抖音信息发布到朋友圈，让好友看到并且去抖音关注。这包括哪些信息呢？抖音号，抖音昵称还有抖音截图。特别是抖音截图，将自己发布的抖音视频页面截图，然后用一些标题文案来吸引大家去给你的抖音点赞或者关注你。这种方式也能够在很大程度上获得好友的支持。

■微信公众号推广抖音

在有必要时，我们还可以创建属于自己的公众号。然后在公众号内定期发布抖音视频或者优质文章。这样的方式会让你的抖音显得更加高端，吸引优质用户关注。

如果你的文笔够好，公众号被转发的次数就会更多，那么你的知名度也就更大。同时，还可以和一些其他的公众号联手合作，一起提高抖音曝光率。

（1）将抖音嵌入到公众号导航菜单。

当你的公众号有了一定的粉丝之后，你可以在公众号中加入自己抖音的链接，尤其是在导航菜单中，用户可以点击就进入你的抖音。

（2）文案上体现出抖音。

如果你的文笔很好，你的公众号文章一定有很多粉丝。为了引流抖音，你还可以在写文章时，于句末加入一句："我们抖音见！"

（3）将抖音号和二维码放在公众号文章中。

将抖音号和二维码信息放在公众号文章中，这样你的粉丝看到就可以快速拿起手机扫描即可关注你的抖音号。

公众号文章中不可过于频繁和过多地推广抖音，都要有一个度，否则容易粉丝反感，甚至对你的公众号脱粉，如此一来便得不偿失。

■微信群推广抖音

在微信推广抖音，还有一个十分有效的方法——微信群。抖音用户可以建立微信社群，以此来增强粉丝之间的黏性，基于同一习惯或者爱好，聚合在一起的粉丝会在交互中产生聚心力，从而提高抖音粉丝留存率。有了粉丝留存率再利用这部分粉丝去影响更多的粉丝。

想要抖音号更加“红”，就必须抓住微信社群的力量。

（1）多加入一些大群，在大群中适当为抖音引流。

加入一些大群，然后在大群中发布抖音的消息，这样可以获得一部分粉丝。但是千万不要以为只要人多就可以随便发消息，如果你的营销太严重，很快就会被踢出群。因此，你需要先在群里和成员打交道，培养感情，然后才能适当引流。

（2）加入和自身抖音号属性类似的群。

你可以寻找一些目标微信社群，这些群必须要与自身抖音号在属性上有类似之处。例如你是做运动健身的抖音号，你就可以搜索一些健身、跑步、运动的微信群，然后加入其中。在这些群中，至少你们的目标和属性是一致的，因此发布自身的抖音可以很大程度上做到高效引流。

（3）寻找打动群成员的痛点。

有了目标群体，接下来我们就要努力思考打动用户的产品功能点、需求点、痛点。

我们要分析群成员的需求痛点，分析他们潜在的行为决策方式。不断地了解他们的需求痛点，收集相关信息。围绕着相关信息，我们要进行抽象、总结、思考。最终得出有效的打动他们的产品功能点。

在这里有一个技巧，初步收集目标用户群的基本信息，获得其最基本的需求痛点。

事实上，在这个过程中，我们很可能会发现对方的伪需求和伪痛点。这时候应该怎么办？要经常与目标用户群互动，进行情感交流。甚至通过各种方式来试验这个痛点是否正确。最好的方法就是如同上述抖音主播一样，利用小号来“打探”，潜伏在他们身边，不断收集更多的详细信息。

（4）根据群成员痛点编辑引流文案；

一旦我们总结出粉丝群的痛点，那么就可以进一步通过信息了解到与该痛点相关产品的特点，他们是如何做的，如何满足的。

学习借鉴的同时，还要构建一个与之不同的运营推广框架。列出这些与众不同的能打动目标粉丝群的宣传点，把这些宣传点包装成文案、软文内容。甚至梳理出推广运营方案，或者其他的运营框架。

编写好符合粉丝群需求的文案之后，接下来就要执行推广，向目标粉丝出现的社群投放文案内容。

当我们前面的分析、策划足够全面、详细，市场调研足够深入的时候，我们才能通过文字、执行推广的话术等，有效引导微信群粉丝，按我们的推广套路走。

（5）自己建立抖音群进行引流。

我们可以根据自己的抖音内容和属性来建立属于自己的微信群，然后将一些好友拉入群中，并且通过外部营销等方式来拉入更多的用户。当群成员增多时，可以通过培养情感的交互方式来获取更多的信任。然后慢慢引出抖音的信息和内容，吸引群成员关注你的抖音号。

抖音小课堂：

每天加入两个微信群，然后与群成员聊天互动，积极参与群活动，可以利用发送红包或者抽奖等方式来在群里站住脚。随后借机来将自己的抖音号引入其中，吸引用户关注。

6. 如何用QQ为抖音吸粉

QQ是人们办公、日常生活交流中必不可少的一个社交软件，它让人们的社交更加方便，同时QQ也是非常好的抖音引流推广工具。

利用QQ来推广抖音时，最重要的是方法和技巧。

■ QQ头像的引流操作

QQ的引流技巧中有一个首先要素，那就是利用QQ头像来引流。

QQ的头像、昵称是网络流量入口，我们需要根据自己的抖音性质来设置。例如可以把抖音号名称设为QQ名称，把抖音头像设置为QQ头像等。

但是，在设置QQ头像和昵称时还最好要满足三个要素：

第一，给对方一种直观感，让对方一眼就知道你是做什么的。

第二，告诉对方能从你这里得到什么内容。

第三，你能帮助对方解决什么问题。

满足了这几个特点之后，我们就可以从QQ头像中获得一定的抖音流量。

■ QQ个性签名引流操作

QQ的个性签名是抖音推广的一个重要环节。你可以设置成和QQ空间说说同步，只要你有说说更新，那么你个性签名也会更新。

另外，在个性签名中加入抖音的内容也可以让别人一目了然，这是一个不错的展示。例如入一句话格式“大家好，这是我的抖音号：××××××××××”（直观地用签名表达抖音的模式）或者“天呐，这个抖音视频怎么可以这么好看，请戳××××××××××”（有趣味的抖音引流签名模式）。

■ QQ空间引流操作

想要做好QQ的抖音引流，还必须要充分利用QQ空间的营销。

（1）提高QQ日志浏览量。

QQ日志也是抖音推广的一个好方法，这需要我们每天重新编辑一下日志文章，再点击下方更新动态，你的日志就又会变成一篇新的文章展现在别人面前了，

（2）QQ空间送好友礼物；

我们可以批量发送礼物，每次发7个人，这样做的好处是你送礼物给别人，别人登录QQ的时候会自动弹出来，而且是强制性，对方必须点击查看才能消失。

那么在里面我们可以做足留言内容。例如在留言中加入抖音号，抖音视频内容简介，抖音二维码链接，等等。但是这种方法不可太频繁，否则QQ官方会视你为恶意操作。

（3）QQ空间评论。

我们还可以每天手动去评论别人的日志、说说，那么别人只要登录QQ，就会看到你在对方空间留下的信息。

■ QQ群的引流操作

QQ群是一个非常有效的方式，无论是什么样的营销和引流都应该注视QQ群的作用。

（1）大量加群。

QQ群是做营销的必争之地，一个群的人数达2000人，就算活跃度是500人，如此来看，如果你有10个或者20个群，就是5000或者10000人，这个基数的累计也是很可怕的。数量会很庞大，同时，你可以去加与你相关行业的群，这些人群才是你的潜在用户。

（2）加群尽量加管理员；

加群时，务必跟管理员打好关系，然后有条件有精力的自己也找一些优质群申请当管理员，做群里的权威人，这样才能搞好关系，搞好关系

后才能在合适的情况下发软广告，其效果也会更好，可信度也会更高。

(3) 自己建群。

自己建立QQ群之后就必须要搞QQ群排名，无论付费与否。做QQ排名的话，需要知道QQ群的排名规则。影响QQ群排名的因素一般有以下几点。

QQ群的名称、标签、简介、分类（其中分类又分为兴趣、行业、同城之类的群）、群活跃度、群等级信用、群人数（就是QQ群的总人数以及QQ群的说话人数）等。我们需要按照自己抖音的特点，设置比较容易提高排名的点。

抖音小课堂：

申请一个新的QQ号，然后将QQ签名和头像设为抖音信息，然后用该号加入一些抖音营销的QQ群，并与群主交互，培养感情，发送自己的抖音名片，在群内进行互相关注。

7. 如何掌握微博吸粉的妙招

抖音是一个短视频音乐平台，人气旺就会获得更多点赞，会有更高知名度。有了人气和知名度之后可以和平台签约，还可以做商业营销，更有机会成为抖音红人。因此，没有人不希望自己的抖音大红。这离不开多方推广和营销，其中微博推广更是非常关键。

多数人运营微博做抖音营销时，都会面临几个问题：

第一，抖音本身的调性如何在微博中体现。

第二，如何植入抖音。

第三，如何结合热点，借势热点让你的抖音火一把。

下面我们来看一下下面的微博引流抖音操作方案，学会下面几招，上述这三个问题就都能迎刃而解。

■ 让微博独具特点和调性

很多人都开通微博，但是随着微博运营体系的成熟，人们看似是建立了一个理论上非常有序的运营体系，但是却难逃一个混战的局面，即无法体现出你自身的调性。粉丝产生审美疲劳，心灵段子、早晚安、消化段子这些陈年老醋几乎都无法再端上台面了。

这就是产品微博运营开始必须面临的定位问题。定位的目的是占领心智资源，你开通微博需要挖掘独特的定位机会，让粉丝第一次看到这个微博便能对它产生深刻的印象。在定位完成后，整个内容体系要围绕定位进行搭建，而不是纠结每条微博是否都要出现你的抖音的信息或者字眼。

很多做得比较好的抖音号，他们的微博并没有时时刻刻发布抖音信息和视频，而是利用一种独特的方式让粉丝眼前一亮，记住他。粉丝记住你，比什么都重要。

例如抖音上很火热的音乐人“兔三岁”，他在抖音上拥有100多万粉丝，在微博中也拥有众多支持者。他在微博中极少会让大家关注他的最新抖音。他只是在抖音中发布一些日常生活中有趣的事情，特别是他经常发布关于“三岁”的日常。“三岁”是他的养的一条狗，他和狗狗的互动以及日常片段足以让粉丝看到他是一个热爱生活，心思细腻的男孩。这种清新温暖的形象让他在微博上获得了一大票粉丝，也让粉丝们记住了他。这就是他的微博调性，只有有了调性和特点，粉丝才会去搜索更多关于你的信息，这时候适当地将抖音信息插入其中，就能起到很好的宣传效果。

■ 和粉丝“聊”起来

聊，即和粉丝互动，这是一种双向的沟通。互动是社会化媒体鲜明的一个特点，如果微博上只闻粉丝言语，不见微博回复，那么这个微博很可能是代运营的。没有“聊”起来的微博，在某种意义上是失败的。

试想，即使粉丝每天都认真读了微博的内容，它对你微博和抖音的印象又有多深刻呢？一旦你和一个粉丝在微博上发生了互动，或者是你在微博上做了一件小小的令粉丝感动的事情，这个印象会突然变得很深刻。换句话说，我们不要刻意追求让粉丝去看去从你的微博中读什么，还应该让粉丝看了之后有一种想要和你聊的欲望。

如果你的抖音内容和风格天生具有可互动的基因，那你的抖音就非常适合用微博来营销和引流。因为你很有话题。

这里有两个方法，一是内容具有话题性，二是互动具有趣味性。

在话题方面，有三个挑战，第一，将抖音的内容趣味化；第二，将抖音和粉丝的生活联系起来；第三，借助热点进行创意延伸。

■ 利用微博超级话题来推广抖音

所谓超话社区，也就是微博用户搜索量、阅读量，发帖量，粉丝量比较高的一些话题。那么，怎么找超话社区呢？

第一步，打开手机微博客户端，在发现一栏中可以看到“超话社区”选项。

第二步，进入超话社区，我们可以看到很多超级话题。接下来我们可以根据自己推广的产品来选择相应的话题。例如你是做餐饮的，那么就可以关注“餐饮”“美食”等超级话题，然后去发帖引流。

下面是具体的推广思路：

（1）在超级话题发帖。

直接编辑好内容，点击“发布”就可以在超级话题中发布短微博。发完信息，把话题内容同步到自己的微博中，以此方便我们查看帖子的阅读量。阅读量越大，说明我们帖子受关注度就越高。

（2）在超级话题中发头条文章。

这需要我们用到微博的电脑端。发头条文章时对标题、内容，穿插图片要求比较高。内容是核心，如果你的内容没有吸引力，粉丝是不会关注的。

所以，我们尽量要原创有价值的内容，做好价值输出。发完信息，同样可以把话题内容同步到微博，方便我们查看帖子的阅读量。

（3）在超级话题顶帖。

这是一个非常关键的步骤，而且是决定推广引流多少的一环。微博超级话题，它默认帖子顶置的规则是按照帖子更新的时间。

所以，如果我们想让自己的帖子排名第一，需要不定时更新，回帖。回帖有一个很重要的技巧，每次回帖的内容必须多样化，不能复制粘贴。否则，微博官方就会对此封号，限制你回帖。

此外还要定时刷新回帖，这样可以保证你们的帖子排名靠前，让更多的粉丝看到并关注。

（4）设置粉丝自动回复功能。

当我们的帖子被顶到了前面，就会有粉丝给我们的微博发私信。这是一个很关键的推广引流部分，我们如何将他们成功引流到自己的抖音呢？需要设置微博粉丝自动回复功能，可以把你的抖音二维码或者抖音号内容设置在微博粉丝自动回复中，这样粉丝就会主动看到你的留言，从而扫码关注。

抖音小课堂：

打开微博手机客户端然后加入几个超级话题，每天定时去超级话题中打卡和发表信息，在这个过程中注意维护粉丝，及时和粉丝互动。

8. 如何将抖音二维码投放在各大社交平台

如何直接地给抖音引流？二维码是最佳选择。我们可以将抖音的二维码发布在各大社交平台，吸引人们扫码关注。

(1) 打开抖音主页右上角的二维码标志。

(2) 找到专属抖音二维码页面（见图7-8）。

图7-8　抖音二维码页面

（3）点击“保存到相册”。

这样，就能在手机相册中看到我们的抖音二维码页面（见图7-9）。

图7–9　保存到手机相册的抖音二维码

当对方看到这个二维码时，可以打开抖音的“扫一扫”功能，扫描你的二维码，然后关注你。

至此，一个抖音二维码发布的理论流程就结束了。看似很简单的一个流程，但是想要通过二维码真正吸引粉丝关注并扫码，并不会如此简单，这需要熟悉掌握其中的妙招。

■ 抖音二维码中的头像和签名很重要

从上述我们可以看出，下载好的二维码是一个白底黑字的图片。你的头像和签名是最抓眼球的部分。因此，一定要在这个区域把握好要点。这就涉及到你的抖音头像和签名的设计。

纵观那些抖音大号，我们无不发现一个道理，那就是他们在名字和头像上特别讲究，会根据自己发布的抖音内容来选择专业的头像和名字。抖音二维码中的头像要符合下列几个特征：

（1）调性要高大上，拒绝粗俗低级。

任何社交媒体的头像都要拒绝粗俗低级的头像。所以，头像的选择一定调性高，品位高，这样的头像才吸引人注目。

（2）头像颜色要符合科学化的视觉效应。

很多抖音号的头像颜色非常刺眼，或者十分黯淡。两者都不能很好地吸引粉丝关注。我们必须要照顾到粉丝的视觉效应。试想一下，在众多的二维码中，哪种头像的颜色会让粉丝看上去比较舒服呢？答案是绿色和红色。为什么?

绿色是公认的最具科学化的颜色，可以给人带去温和的视觉感观。而红色是因为它很跳脱，可以很好地衬托出二维码白底色和黑色二维码码身。

（3）个性化，极具创意的头像更具吸引力。

头像必须够个性才能吸引人们的关注。

（4）直接使用文字或者logo。

很多抖音用户非常聪明，直接把名字和logo放在了头像上。没错，这样很吸引人注目。但是却也要有窍门。例如文字不能过大，不能过多，也不能过小，字体最好是宋体或者黑体，最好不要五颜六色。如果使用Logo也尽量要让整个logo都包含在头像内，不能让logo过大，显得头像设计太拥挤。

（5）签名尽量简洁有力。

在二维码的图片中，签名很重要和很突出，因此这一句签名也在一定程度上影响粉丝和其他用户对你的印象和好感。一般情况下，抖音二维码中的签名不可太长，最好控制在十个字以内。这句话还要简练有力，不能拖拖拉拉，或者交代不明。例如“一个写书的画家”这句话就很有意思，粉丝一看就明白，而且也能带动大家的胃口和好奇。

■ 发布二维码时需要注意的问题

发布抖音二维码时，我们必须要找准发布的三要素：时间、地点、人物。

（1）时间。

发布二维码的时间。最佳的时间是晚上黄金时间20:00-22:00，在这一阶段是人们观看社交媒体和抖音的黄金时间段。因此，在这个时间内发布抖音二维码是最有效果的。

（2）地点。

地点是发布抖音二维码的场所，即可行的社交平台。例如微博、QQ、微信、网站、论坛等，当然也包括淘宝、天猫等时尚购物平台。最有效的场合就是微信群、QQ群、微博话题等区域。因为这些区域是社交、娱乐的聚合地，在这里粉丝往往会很集中，而且这些社交媒体的粉丝也大都是抖音的粉丝，因此在这些地方发布二维码是最合适的。

（3）人物。

人物是指发布抖音二维码所针对的对象。换句话说，你的抖音二维码必须要针对适合的对象发布，而不能随随便便发布，如果随便发布，甚至频繁发布，很可能会被平台屏蔽，这样得不偿失。为了让二维码获得最大的引流效果，你需要提前考察目标用户群。这要求你的抖音粉丝必须要和所要发布二维码的区域的目标人物在某种程度上是类似的，从年龄、性别、职业、所在城市、消费习惯、兴趣爱好等多方面来考察，这样你的二维码发布才更有效。

除了这三要素之外，还有一个特别注意的地方，那就是发布二维码时的文案。这个文案必须简练，且具备引导的效果，但又不能过于营销。例如这样的引导文案：“如果大家对XXXX感兴趣，可以关注我的抖音号哦，扫描下方的二维码即可关注。如若打扰敬请见谅。”这样的文案不但有引导性，而且非常有礼貌，一些社交平台上的用户就算不关注你也不会举报你。

抖音小课堂：

将自己的抖音二维码保存到相册，观看其头像和签名是否符合本文所讲。如果不符合，可以修改，修改好满意的二维码头像之后，可以将其先发布到自己所在的微信群内，并且观察增粉状况。

第八章

变现：六大盈利模式等着你去用

运营抖音的目的说到底还是变现，在抖音上无数的个人和品牌火热起来，抖音俨然成为了商人的红利池。抖音的变现渠道有很多，例如抖音带货、添加淘宝购物车、直播变现、引流实体店、知识付费，等等，我们需要明确每一种变现的模式和操作规则，才能够真正把粉丝的热情转化为“现金”。

1. 怎么做才能在抖音上实现高效带货

抖音有意无意中，已经成了带货小能手的最佳平台。不仅是线下的“答案茶”大排长龙，更是有多款淘宝、天猫的商品也被抖音带火，连卖家都猝不及防。例如佩琦手表带奶片糖、刷鞋海绵、蟑螂抱枕、喷钱手枪等。

许多的抖音粉丝甚至在一些爆红产品的视频下面这样评论：“这是我在抖音被种草的第106个东西。”

很多人认为，抖音是不允许营销行为的。的确，在抖音的规则制度中是不允许过度营销，因此，如果你直接在视频中展示产品或者介绍产品就等于“犯规”，是要被罚红牌的。那么，抖音的带货应该怎么操作呢？下面我们来看一下几种“正大光明”带货的操作方式。

■ 城市火热带动当地特色产品

很多人在淘宝网红产品的道路上跌倒再也爬不起来，事实上不如换个角度，思考一下从其他方面来看一下带货的方式。例如，从火热的城市角度出发带货——带动当地特产。

抖音带火了很多城市，例如“摔碗酒”（西安），“养马岛”（烟台），“洪崖洞”（重庆）等。

不同于大众对以往热门旅游城市的认知，因抖音而“抖”火的网红城市仿佛被开启了新世界的大门。在抖友们实地“打卡”和火前留名的攻势之下，西安、重庆、丹东、西宁、济南……这些城市都被满满的话题感冠以“网红”标签火爆起来。

以往，提起西安，常常伴在人们嘴边的是兵马俑的气势恢宏、大雁塔的庄严肃穆以及十三朝古都的名气……然而在“抖音经济”热衷猎奇的裹挟发展之下，依托地域特色的西安古城凭借“永兴坊摔碗酒”“毛笔酥”等元素在抖音上任性地火了一把。

其中，抖音上单条摔碗酒视频点赞达70万，西安周边商户表示：“生意最火时每天十五万流水。”有关能吃的文房四宝的单条视频点赞量则高达180万。路人粉慕名前来打卡，更有十几万人参与了#西安摔碗酒的话题挑战。

总之，抖音带货迅猛的原因与其用户基数、有意思的活动、品牌等密不可分。其中，最重要的还是乐于分享的粉丝们。因此，只要你发现了一个抖音火爆的城市之后，就可以在这基础上为当地城市的“特产”助威。当然，你也可以针对当地的特色产品展开抖音宣传和引流，如果吸引的人多了不仅当地城市会火爆，就连当地的一些特色产品也会被带动起来。

当然了，如果你是当地特产的老板或者代理，就更加有必要在抖音上加大引流和宣传，为带动某一特产或者城市变现打下基础。

■ 抓住抖音的“草根性”“当下感”和“新奇感”带货

为什么在抖音上可以带货？因为抖音有一定的“草根性”和“当下感”。这两个特点可以给人们带来一定的真实感和好感。如果在这种情况下，你加以将产品适当表现出来，就会消除用户的不适，甚至会让用户将注意力转移到你的产品中。

下面我们以一个案例具体来看一下如何操作？

一个抖音短视频中，一位年轻男孩在用一支铅笔画一幅画。画着画着，需要削铅笔，于是他将铅笔轻松地插在一个小巧的部件上，很快，他再拿出来时，这只铅笔就已经被削好了。当他画坏了一个地方时，将一块橡皮放在画错的地方，橡皮就自动将错误抹掉了。

这个视频利用抖音自带的快节奏功能展示了产品：自动削铅笔刀和自动橡皮擦。它甚至没有用到什么拍摄技巧，但这丝毫不影响大家对产品的关注。因为大家的眼睛都被那两个小部件吸引住了。

这样的视频它就非常符合“快节奏”“新奇特”和“当下感”，所以具备一定的带货力。

试想一下，如果你是一个设计师或者插画师，你需要经常用到铅笔、橡皮，那么这个视频中的产品展示就非常符合这部分人群的当下任务，他们就会感兴趣，继而去搜索相关产品。

当用户感兴趣，就会到淘宝搜索，如果视频中的产品是独家，或者排名靠前，那你就不需要做其它的动作了。如果不是，比如淘宝上同行产品很多，你的排名很靠后，那就需要在视频中想办法引流到购买渠道。比如设置购买链接（需要抖音权限），或者引导关注微博微信，再进一步引流到销售平台等。

如果你有线下实体店，那么可以为自己的产品拍一个有趣的抖音，会对推广非常有利。尤其是餐饮行业。如同火爆抖音的“答案奶茶”“海底捞隐藏菜单”等，都充分说明了抖音的带货力。

抖音小课堂：

观察那些“跟着抖音游××”的热门视频，然后从中找寻带货特色产品的抖音用户和视频，关注这些视频的手法。

2. 怎么做才能把淘宝购物车嵌入抖音

2018年3月26日，抖音平台出现了关联淘宝的卖货链接，很多百万大号的抖音页面中可以添加购物车按钮，粉丝看到这个购物车标识之后，点击即可出现商品推荐信息，粉丝甚至可以直接购买，一键链接淘宝店家。

截止到2018年10月，在抖音上只要有1万名粉丝以上，就可以加入商品橱窗，有了商品橱窗就可以开通抖音购物车功能。

■ 开通抖音购物车功能的操作

首先，抖音电商达人入驻标准：

（1）抖音账号粉丝≥1万。

（2）店铺：买家爱服务评价分不低于行业平均值、店铺等级大于1钻。

（3）商品必须满足下列几个要求：①店铺宝贝在10款以上。②商品价格不能高于30天最低价。③店铺近30天销量50单以上。④商品必须设置淘宝客，佣金自定。

（4）购物车使用频率：15天内至少需要使用1次购物车。

（5）发布内容频率：每周至少发布3条垂直内容。

（6）相关性：视频内容要与购物车中所添加的商品相关。

（7）广告：一个达人账号对应一家店铺，不接受购物车广告行为。

满足这些条件之后，就可以用手机申请。申请入口：“我”→“反馈与帮助”→“其他问题”→“商品分享/购买”→“如何开通商品分享功能”。

其次，头条小店入驻标准：

（1）店铺：①店铺内上架3个及以上商品。②信息分享功能申请通过后15天之内需要有成交订单。③需要提供其他电商平台的自有店铺链接（以此来证明其店铺的运营能力）。④需要正常运营半年以上。

（2）账号：①抖音账号粉丝数≥1万。②一个账号对应一家店铺，不接受购物车广告行为。③禁售商品：成人用品、安防工具类、医疗类、违禁工艺品类、高仿产品、违法书刊、三无产品、微商产品、宗教类、宠物活体、内衣等。

满足以上条件可以申请：第一，提交信息分享功能，申请时需要填写运营策略；第二，提交信息分享功能，申请时的手机号需要和抖音账号注册时的一致。

申请完之后，在抖音的系统之中会找到抖音商品分享功能邀请函。然后，点击详情，出现“入驻申请”的页面，我们填写好相关的信息，然后点击“确认提交”。然后返回抖音的主页面，点击“我的商品橱窗”，点击“管理商品橱窗”，于右上角添加商品。如果是自己的淘宝店的商品，可以点击“淘宝联盟”选项，输入淘口令。如果是帮助别人推东西，那么直接在“精选联盟”中输入商品名称即可。点击“编辑商品”，完成编辑就可以了。

■ 如何在视频中插入商品

第一步，点击拍摄或者上传视频。

第二步，编辑视频。

第三步，在发布页面中点击“添加商品”（粉丝≥1万，并已开通上述的电商达人功能）。

第四步，选择商品。

第五步，编辑商品信息。

第六步，完成编辑。

第七步，发布抖音视频即可。

■ 加入的产品必须要有吸引力

很多人认为，在抖音上做电商，肯定需要视频有一定的特技或者和粉丝有一定的黏度。事实上，像“野食小哥”的做法与其视频质量和粉丝粘度并没有太大关系，在抖音上百万粉丝做电商的也有很多，但转化超过上述“野食小哥”的似乎并不多。

终其原因是在于场景的精准度，要想让抱着消遣心态看视频的用户启动“剁手模式”，还需要极强的吸引力或者说服力。这个吸引力的表现形式就是你必须要在视频中展示让粉丝欲罢不能的产品，直接戳中粉丝内心的消费欲望。

这需要在产品上做到几点要求（见图8-1）。

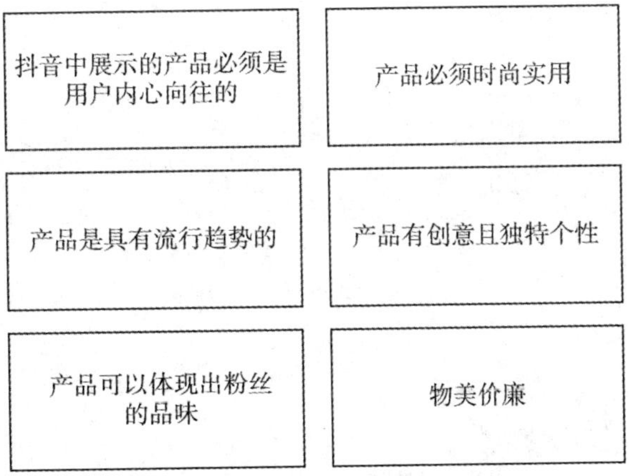

图8-1　需要产品做到的几点要求

当你的视频中的产品满足了这些条件，就可以实现产品的吸引力和说服力，从而获得粉丝青睐，粉丝自然会顺藤摸瓜，将产品加入购物车并直接下单。

此外，想要让产品获得更多的吸引力，还要在视频中充分展示，这需要抖音主播亲自上手示范。

像“野食小哥”那样，亲自在视频中操作，将一些肉酱、牛肉干等制作方式和步骤展现出来，并且全面体现出产品的特色，这样粉丝忍不住想要多看几遍，导致最终加入购物车。

无论你在视频中展示的是衣服还是食物，都应该亲自“操刀”。例如一款包包，你可以亲自在视频中试背，给粉丝展示出包包的美和搭配服装方案，这样粉丝才会购买。

抖音小课堂：

如果你的抖音粉丝超过一万，那么可以按照上述操作尝试添加商品橱窗步骤，来申请电商达人，将淘宝店的产品加入抖音商品橱窗。

3. 怎么做才能把产品植入抖音而不被平台屏蔽

如今，在新的媒介领域，抖音大有挤掉微信、微博的趋势，在各大应用下载榜也一直霸占这第一名的位置。

抖音的火爆，也滋生了很多营销种类。敏锐的企业、自媒体人、店家，正在努力尝试搭乘这班红利之车。众所周知，抖音平台是严禁做营销的（企业号除外），一旦发现过度营销就会被平台屏蔽。尽管如此，很多抖音用户还是可以选择有策略地在抖音中进行软植入。下面就来看一下，怎么在抖音上做软植，将产品巧妙植入抖音，而不被平台屏蔽。

■ 直接展示产品的妙招

很多人不敢在抖音中直接展示产品。事实上，只要你的产品真正有吸引力，直接展示产品是没有问题的，但是需要注意策略。

（1）产品符合前提条件。

你的产品必须要符合下列几个前提条件（见图8-2，下一页）。

具备了这些前提条件之后，那么就没必要绕弯子，直接用抖音展示产品即可。

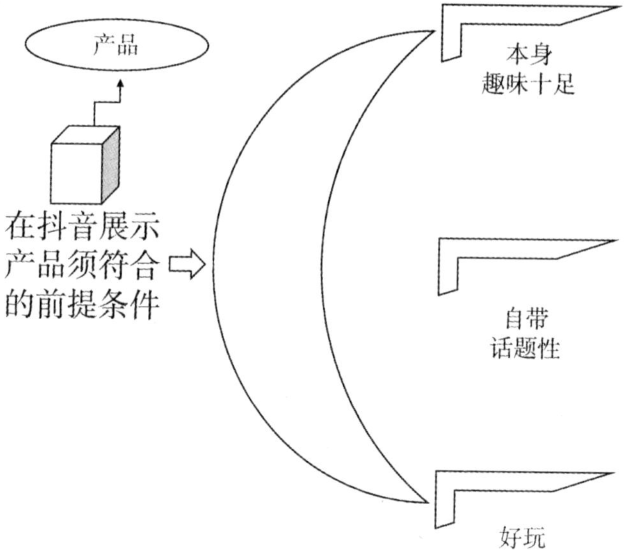

图8-2　产品需要符合的前提条件

（2）不可以在视频中透露产品的购买和价格，只展示就好。

有了上述的前提，接下来就是直接展示。在展示中，你不可以在视频中透露产品的购买方式、价格、规格等。这包括添加字幕和水印介绍产品（绝对禁止）。你只需要展示产品，给你的短视频配个合适的音乐即可。

（3）抖音用户可以亲自上镜，顺其自然让产品出镜。

抖音用户可以在拍摄短视频时，直接本人上镜，将产品自然而然地流露出来。例如一件衣服，或者一双鞋，一个包，抖音用户可以直接将产品穿在身上，然后全面展示即可。

有一个抖音短视频展示的是一个保温杯。这个保温杯具有十足的趣味，可以根据你倒入的水温来使杯身的颜色发生渐变。抖音用户只需要在视频中展示这个杯子的功能就好，其他的不要做。

（4）评论回复带出产品信息。

当你的产品通过上述三种方式展示出来之后，感兴趣的粉丝就会在你的视频评论中留言询问链接或者产品购买方式。这时候，你就可以在评论中通过回复带出产品的相关信息。到此为止，一个产品的直接展示软植入就顺利完成。

■ 侧面呈现产品的妙招

如果你的产品没有上述第一种那样有趣味，那么如何软植入在抖音中呢？这时候你需要从侧面出击巧妙展示产品。

（1）从周边产品做文章。

例如有一家海鲜店铺，为了给自己的店铺做足变现，于是在菜单上做足了文章。老板将一些海鲜按照1:1的比例拍摄鲜活照片，并将其直接印在菜单上。这样的菜单新意十足，获得了十几万点赞。更有很多粉丝和网友在抖音中评论，表示喜欢这样的菜单，进而询问餐厅。如此一来，变现就容易多了。

（2）借助名人效应，推产品。

有些火锅店、烤肉店等餐厅就是利用名人效应来巧妙植入了产品。例如“×××小年轻曾来这里吃火锅”“×××在这家店里为女朋友庆生”等。制造这样的噱头和亮点，吸引点赞和粉丝的同时，也能为你的餐厅带来更大的客流量。

■ 挖掘产品用途，展示延伸

除了产品和周边产品外，你还可以开动脑筋，看你的产品有没有更多跨界用途，让人赞不绝口。

在这里，我们举个很火的例子。2018年上半年，在抖音上很火的一个话题就是#海底捞底料。这实际上是有网友（很可能是海底捞成员）

突发奇想地研究了海底捞“超好吃”的底料搭配法，据说按照这种混搭式配料，比海底捞点的底料还好吃。随后，海底捞顺应抖音吃法，直接推出一系列“网红秘诀”。这种方式不但带红了海底捞，而且也挖掘出或创造出了更多产品有趣的点。

■ 用口碑突出产品的火爆，直接带动变现

在抖音上呈现产品，千万不要自己直接说，否则直接被屏蔽。最好的方式就是通过口碑展示产品的火爆，这种方式可以从其他角度来呈现你的产品的火爆。

具体的方法是：你可以在抖音中展示消费者排队的情景；消费者的满意度的情景；被消费者打爆预约电话等场景。这些有意思的场景可以直接带动产品的热点，让你的产品快速变现。

例如一家叫“点叔食堂”的餐厅在抖音很火热，经常有抖音用户在抖音上发布点叔食堂门前排队长龙的视频，每次都有很多人点赞。这种方式深深地吸引了粉丝的关注，粉丝评论留言想要获得点叔食堂的地址。还有些发布者会在发布排队时，发布点叔食堂的位置，这样粉丝可以循着位置直接找到这家店，这样的变现更加直接。

■ 借助场景，植入产品

在抖音上软植入，还有一种方式：尝试把产品植入到某个生活场景。

这种方式特别对服装品牌、鞋包类专卖店、美容店等有很大帮助。例如在一个鞋店，老板很熟练地整理店内的鞋子（场景植入）。再比如，在一个看似像仓库的地方拍摄抖音，仔细一看，你能看到大大的

“Zara”字样，没错，这也是一种植入。这种植入往往效果不是很大，但是却不会被平台屏蔽，当你的粉丝数量增多了，你的变现也就能做得更好。

抖音小课堂：

将一瓶橙汁撕掉包装纸，然后按照上述方法尝试在抖音变现。观看抖音评论中询问饮料品牌的粉丝有多少。

4. 怎么做才能用抖音直播提升变现率

抖音是短视频发送的最佳平台，同时也可以在该平台做直播。既然可以开通直播，那么在抖音变现的道路上，我们就又多了一个选择——直播变现。

抖音开通直播之后，除了在抖音中定期发布一些视频之外，为了更好地变现，还可以直播。

点击主播的抖音主页，如果该主播正在直播，那么在该主播的抖音主页左上角头像下方有一个“直播中”的标识，点击即可进入该主播的直播间。

在直播中，抖音主播通常会展示自己的才能与粉丝互动。粉丝可以通过打赏礼物的方式来支持主播，而每一个打赏的礼物都需要花钱才能买到。所以通过这种方式主播可以直接获得变现。同时，主播的热气如果很高，还会有粉丝团，粉丝如果第一次看直播，喜欢这位主播，就可以加入主播的粉丝团，享受专属福利。当前，想要加入直播粉丝团，需要先交纳60抖币。这也是抖音主播的另一种变现方式。

同时，抖音主播还可以在直播中卖货、推销产品，这样的方式也可以为主播带来更大的利润。

总之，依靠抖音直播变现没有时间（15秒）的限制，而且也没有上传的操作，只需要现场直播就可以。只要你的才艺展示或者直播的内容可以吸引粉丝，就可以实现巨大的变现。

■ 抖音直播的操作流程

抖音直播并不对所有抖音用户开通，只有满足一定的条件才能开通该功能。

针对下列三个条件中只要满足任意一个即可：

（1）抖音账号所拥有的粉丝数量达到5万以上，而且作品的任意一个点赞为100以上。

（2）抖音账号为“技术帝”，多次发一些技术视频以及优质视频。

（3）活跃的抖音内测体验师。

当你满足这些条件的任意一个之后，接下来你就可以开启直播，其流程操作如下。

通过抖音主页的“设置”，找到“关于抖音”即可查找到官方邮箱账号，然后登录自己的邮箱账号，邮件的收件人设置为抖音官方邮箱账号。

在邮箱的主题页面中，填写为“直播申请+账号昵称”。在邮件的正文格式为：“昵称+ID+个人页面截图+作品链接+身份证照片”。其中视频作品链接可以通过视频右侧的“分享-复制链接”然后复制作品的链接。

最终审核并签约账号的前提是：需要你已经获取直播的权限。然后你需要再次发送邮件至抖音官方邮箱账号，邮箱标题为：“直播合约申请+昵称”，内容为“昵称+ID+抖音账号”即可。最后，你需要等待，大概一周左右即可完成审核。

■ 通过直播打赏变现

当抖音用户开通直播之后，就可以在直播中进行多才多艺的展示。例如唱歌、画画、弹琴、软件操作、技术演练等，当粉丝被你的直播打动时，就会送上礼物打赏。而这些礼物就是主播的直接收入。

当然了，在这里，我们还需要注意一点，那就是在直播过程中，需要和粉丝进行良好的互动。互动做到位之后，粉丝才会更加喜欢你，也就更愿意打赏。

另外，在直播时，我们必须拒绝那些毫无营养、非常无聊的聊天或者发呆内容，这样的内容很容易压榨粉丝的时间，而且粉丝一无所获，自然不会打赏，甚至很快就退出直播间。因此，抖音号在直播前要进行充分的粉丝调查，调查粉丝喜欢什么内容，然后针对这个内容进行直播，戳中粉丝痛点的直播才能获得更多好评，也能获得更多打赏。

■ 直播引流

除了可以依靠粉丝打赏变现之外，还可以在抖音直播间里面为自己的店铺或者产品引流变现。

抖音中很多手工达人、艺术家会上传短视频，获得点赞，然后获得粉丝。当粉丝量达到一定程度之后，这些艺术家们就会开通直播，现场直播作画、做手工。一般情况下，这些达人也都有自己的淘宝店铺或者实体店铺，因此可以在直播中推销自己的淘宝店铺以及产品信息，做到引流变现，这样的方式也可以为抖音主播带来一大波红利。

截至2018年7月，已经有部分抖音达人获得一项新的特殊权限，那就是可以在直播页面放出电商购物车按钮，粉丝可以边看边买，形式上类似淘宝直播。

除此之外，我们还可以在直播中给自己做其他方面的导流，例如导流到一些知名品牌电商网站中。这样也可以获得间接提成，为自己实现多样变现。

抖音小课堂：

进入自己关注的主播的直播间，然后观看那些做得成功的主播是如何做直播的，学习其中的方式和技巧，然后适当送上小礼物，并且和主播交互沟通，形成粘性关系，为日后自己开通直播打下基础。

5. 怎么做才能开通抖音知识付费模式

知识付费模式是当下知识变现的一个大趋势，随着抖音等移动视频软件的火爆，知识付费也有了新的玩法。

我们都知道抖音对普通用户只有15秒的视频展示时间，但是却没规定每天发多少条，因此，只要你有兴趣，就可以借助抖音来初步实现知识变现。此外，当你的抖音粉丝达到一千以上时，就可以申请开通一分钟的长视频，这对知识变现是有很大好处的。

很多做软件培训、英语培训、自媒体培训、办公软件培训等抖音号都借助抖音开启了红利变现的道路，例如下面这个抖音号。

“office技巧”是一个专门做办公软件培训的抖音号，从名字上也能看出来其主要的内容是office软件操作。

截至2018年10月，其抖音粉丝高达114万之多（见图8-3）。

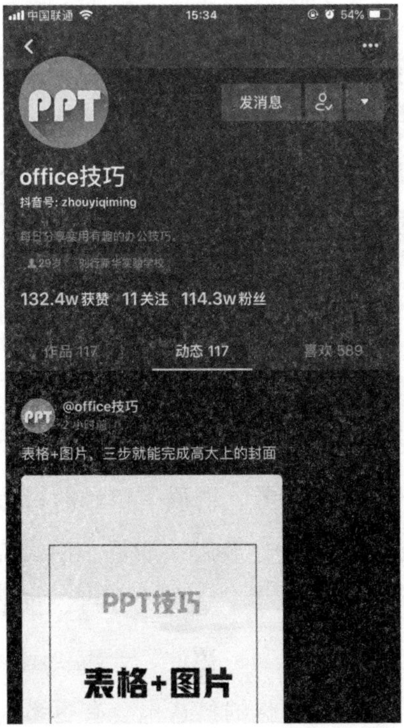

图8-3　“office技巧”抖音主页面

这位抖音主播的做法是在抖音中发布一些教学视频，在视频上呈现的内容是主播亲自编辑的PPT、Excel以及Word简便操作技巧。例如“累计求和，一秒搞定”的教学视频。

粉丝几乎每看一条视频（15秒），都能学习一个office技巧。这种方式整体、系统、详细，简单，深受广大职场人员的喜爱。该抖音账号的变现之一是通过这种教学扩大粉丝范围，粉丝数量增大，那么在抖音的影响力也就更大，也就有更多变现途径；变现之二就是在视频中呈现微信社群和报名学习office技巧信息，直接引流变现。

下面我们看一下，到底如何一步步在抖音实现知识变现。

■ 抖音知识变现的定位：明确你的变现对象

想要通过抖音来实现知识变现，首先就要做好定位，明确你的变现对象是哪些群体，并了解这部分群体的特征是什么？

例如一个英语培训的，你的受众从大处可能分为三大类：学生、职场人员、出国人员。总之，他们都需要学习英语。如果从小处分，又可以分为更多种类，例如中学英语培训、大学英语培训、出国培训，等等。因此，做英语培训时要特别注意细分受众群体。

搞清楚你的受众群体之后，还有一个连贯性的问题要确定，那就是你可以解决他们什么痛点？

例如一个培训PPT的抖音号，明确了自己的目标群体是职场小白之后，那么接下来就要注意：一定要解决职场小白最大的痛点——学会做报告。如今在职场中的报告大多数都需要PPT，谁的PPT做得精细、美观，谁的工作能力就会得到认可。因此，一定要围绕这个痛点来在抖音上做PPT的培训和教学。这样你的抖音也会有更多的粉丝加入和参与到学习中。

■ 抖音知识付费培训的内容编辑

当你做好了知识付费的定位之后，接下来就要进行内容编辑，好的内容才能决定你的抖音变现做得是否好。这需要收集素材和编辑知识课程。

网络时代是一个借力时代，如果你不知道如何收集素材，下面几个网站可能会帮到你。

问答平台：百度知道、知乎、soso问、360问答等。

文档下载平台：百度文库、豆丁、道客巴巴、电驴等。

我们可以通过上述平台来搜索自己想要的资料，加以消化和融合，然后取其精华，加入自己的观点，形成属于自己的电子课程。

收集了素材之后，接下来就要学习整理，整理之后才可以编写和录制电子课程。你在抖音上的内容可以是PPT格式，也可以是视频，视频是最好的呈现选择。录制好了视频之后，还需要对视频进行加工编辑，例如组合、裁剪、加入字幕和水印等。

■ 抖音知识变现的路径

做足了上述定位和课程编辑的准备工作之后，接下来就要推广课程，实现变现，即抖音知识变现的路径。

录制了课程之后，将其上传到抖音。想要实现更大程度上的变现，我们有多种方式。

第一，通过视频讲学来吸引粉丝。

第二，开设直播，直接讲课。

第三，引流到自己的微信社群或者引导粉丝下载你的课程电子书或者硬盘资料。

第四，在抖音中销售自己的课程衍生品（如光盘、电子书、书籍等）。

这些方式都是我们应该掌握的利用抖音知识变现的路径。从一开始的确定目标受众到最后的推广课程实现变现，这是一个系统的流程，只要你把每一步都精心研究，掌握具体的精华，就可以利用抖音来实现知识变现。

抖音小课堂：

多关注几个做得好的知识变现的抖音号，然后仔细观察其点赞较多的视频，学习其中的做法，包括课件的编辑和风格，然后尝试做一个自己熟练掌握的领域的培训课件。

6. 怎么做才能成为企业号，扩大品牌影响力

抖音的运营中，不仅有个人号，还有企业号，也就是我们常说的“蓝V”账号。在企业抖音号中，做大的企业有很多，例如著名的运动品牌adidasneo、百事可乐、天猫、奥迪等。在这里我们主要讲一下如何变成企业号，并且利用企业号来实现品牌变现。

■ 企业号注册流程

想要成为企业号（前提是有营业执照的公司性质），其主要步骤如下。

第一步，在抖音APP中使用手机号先注册一个个人抖音号。

第二步，在电脑PC端提交企业号认证，按步骤充值300元，根据提示准备好各项资料，按步骤申请就可以了。认证申请链接：https://www.douyin.com.

第三步，通过邮箱进行注册操作，一个邮箱只能注册一次。

第四步，从邮箱验证，然后仔细填写真实资料。

第五步，填写一张资料表，注意其中所有资料必须真实可靠。

第六步，填写完后，经过管理员同意后方可得到审核。一般是七天之内得到回复。

■ 企业号的权益

抖音企业号的十二项权益：

（1）官方认证标识：企业号昵称下方展示蓝色V以及认证信息。

（2）自定义头图：企业号主页可自定义设置头图展示。

（3）视频置顶：企业号主页可以设置3个置顶视频。

（4）官网链接：企业号主页可以增加官网跳转链接按钮。

（5）一分钟长视频：企业号发布抖音短视频时间最长可为1分钟。

（6）电商购物车：在视频内添加购物车功能，支持跳转到店铺页面。

（7）私信自定义回复：用户私信触发关键词，可自动回复。

（8）认领POI地址：企业号可认领POI地址并编辑门店信息。

（9）认证同步：免费同步认证信息到其他平台。

（10）昵称搜索置顶：企业号昵称全匹配搜索时可置顶。

（11）昵称锁定保护：企业号之间昵称不允许重名，先到先得。

（12）数据分析：企业号可获得运营数据，主页数据，互动数据。

此外，企业开启平台认证，还可享受今日头条APP、抖音短视频APP、火山小视频三大平台的认证标识、专属权益。

■ 蓝V企业号的抖音运营总体趋势分析

来看一下企业号的账号数量、发布量和播放量分布情况。

（1）IT互联网、文化娱乐、生活服务等行业的企业在抖音比较普遍存在，账号数更多（见图8-4）；

（2）IT互联网、教育培训、生活服务等行业的内容供给多，内容发布量占比较高（见图8-5）。

（3）电商平台、手机数码、餐饮美食等行业抖音营销水平高，播放量占比／发布量占比比值高，少量内容甚至撬动大播放量（见图8-6，下一页）。

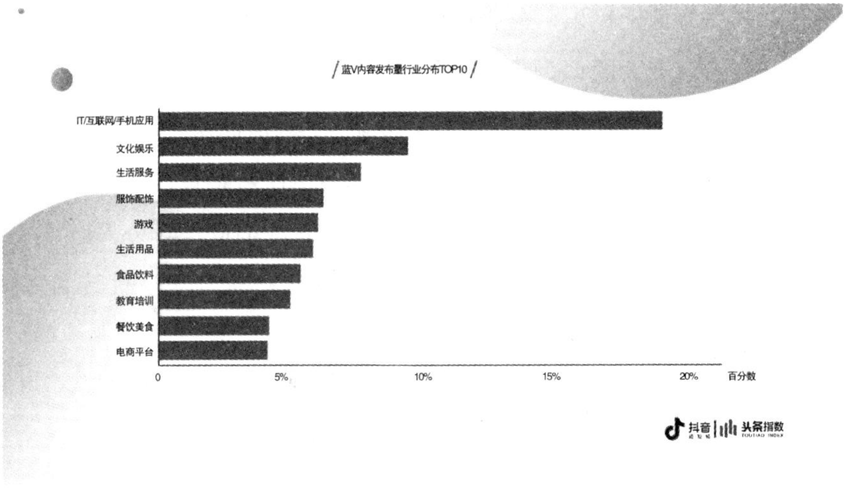

图8-4　抖音官方网站中企业号账户量行业分布前十名

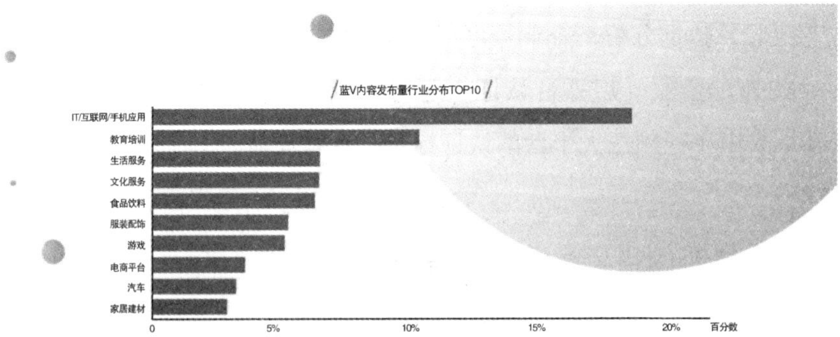

图8-5　抖音企业号内容发布量行业分布前十名

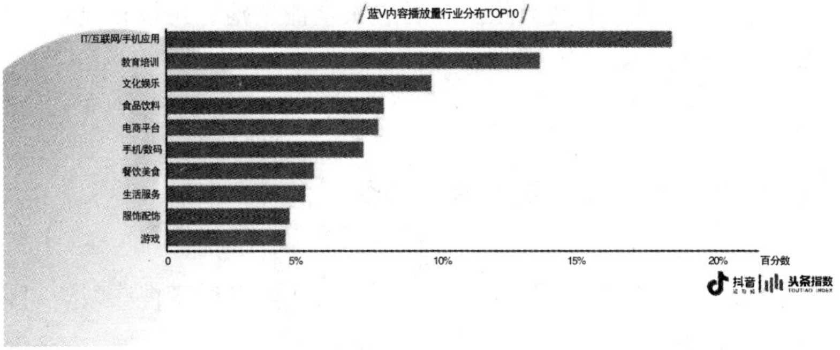

图8–6　抖音企业号内容播放量行业粉笔前十名

■ 爆款内容是企业号的粉丝收割机

企业号想要获得更多的粉丝和影响力，做爆款是最有效的方式。在抖音中打造爆款内容吸引粉丝。

例如支付宝抖音账号在2018年3月8日发布了一个视频，内容是“素人”演绎搞笑内容。其标题是“每天听到最爽的声音居然长这样！对，是我收款到账本人了！”这条视频发布后，迅速获得了970万播放量，为支付宝企业号俘获粉丝超过2万。

再例如企业号“绘本装修家”于2018年5月11日发布了一个视频，标题是“逛花店看到好多漂亮的花架子，挺贵，不如自己就地取材DIY，用空心砖搭个小花坛。”该视频的内容是企业给粉丝传授生活技巧。该视频短时间内播放量高达1290万，俘获粉丝高达5万。

因此，企业号做抖音必须要学会打造爆款，这个爆款如何打造呢？根据企业自身的热门产品来打造是最合适不过的。

打造了爆款之后，还要注重发布爆款视频的时间，企业号发布视频的时间也决定着你这个视频能否成为真正的抖音爆款。

通常情况下，企业账号发布视频时，可以选择在全平台流量高峰来临前2-3小时发布，经过小流量测试之后进入全流量池，可以在流量高峰期获得更好的播放数据。

■ 明星达人助阵企业号，更有利于变现

很多企业都有一些明星代言人，那么如果在拍摄抖音视频时，可以让这些代言人助阵，那么企业的抖音视频播放量会更高。

当下是流量时代，很多明星都是流量小生，他们只要在视频中出现一个身影就可能会给视频带来上万的点赞。因此，企业号必须要抓住这一点，让代言人或者明星出境拍摄抖音视频。在视频中可以加入企业的最新产品，这样也可以宣传产品，实现快速变现。

■ 在企业号中加入“一键购买”的功能

在抖音认证的企业号有一个可以直接变现的渠道，那就是外链接。即在该账号的主页上有一个“查看详情”或者“官网链接”等链接，点击即可进入企业的商业页面，在这里，企业可以呈现自己的产品主页，里面有产品详情，也可以设置一键购物的选择。

例如，在小米手机的认证号主页上，点击“官方网站”（见图8-7，下一页），即可进入小米手机的官方网站页面（见图8-8，下一页）。在这里，有最新款小米手机的展示页，还可以在这个页面上点击“加入购物车”，然后直接购买这款手机（见图8-9，222页）。这可以说是企业号最直接的变现方式。

图8-7　小米手机抖音官方主页

图8-8　小米手机抖音“官方网站”直接跳转到小米手机官网

图8-9 将小米手机加入购物车直接购买

此外，我们还可以看到，在企业蓝V认证号的抖音页面最上方，还有一个专属的头图品牌展示区域。这也是企业号变现的一个直接通道。企业可以将最新的产品海报展示在这个区域，让粉丝第一眼就看到。小米手机就是这样做的。从小米手机的抖音页面中我们可以看出，在这个区域中展示了最新的小米手机海报。

抖音小课堂：

关注几个企业号，仔细观察他们的做法，然后从点赞数量和粉丝数量上综合对比其差距，分析出做得好的企业号的一些方法和技巧，然后做好记录。

第九章

复盘：优化抖音运营的六个方式

抖音运营的过程是一个长久的过程，甚至可以把抖音当成是一个产品来运营。因此，这需要定期做复盘总结。很多时候，运营一个平台时间长了，难免会产生瓶颈时期，这时候我们就需要停下来观察并做复盘。观察数据，观察平台机制算法，观察对方做法，观察粉丝，等等。通过这些方法可以总结出自己的优点和缺点，然后加以改进和优化，只有这样抖音运营才能够更加科学化和持续化。

1. 怎样与粉丝互动最有效果

互动，是抖音运营的一个很重要的部分。和粉丝进行良好互动，有利于抖音视频热度的上升，也能让粉丝感觉到你的亲和力。

在抖音复盘的第一个项目中，就要明确如何与粉丝互动最有效果。

无论是哪一种自媒体或者社交论坛，其舆论的影响力都是巨大的。在抖音上也是如此，只要你的抖音视频评论足够多，就会得到更多的自推荐。这也说明你的视频更加优质。

此外，很多人担心自己的视频评论内容，有些竞争对手可能会给出恶评，这影响自推荐算法吗？事实上不影响。在算法面前说没有“好评论”与“坏评论”之说，只要你的评论数足够多，就证明你的内容好，就能获得更大算法推荐。

所以，作为抖音主播要在发布抖音视频之后加大力度和粉丝做互动，其方法如下。

■ 在评论中回复抖音用户，拉近与粉丝的关系

根据抖音视频平台机制的算法来看，评论数也在很大程度上影响着你的视频的热度。如果评论多，抖音平台的推送就会更多，那么你的视频在流量池中的表现很优秀，接下来就会得到更多点赞，也会进一步被推送到更大的流量池。

因此，抖音用户不要在发布视频之后就“跑掉了”，还应该时刻关

注你的粉丝评论。一旦有评论，就要进行回复。最初的十几条评论尽量都要回复，通过这种互动可以让你的抖音视频变热，也可以让粉丝感受到你的亲和力。

例如“sweet tea”这个抖音号，发布了一个视频之后，很频繁地与粉丝展开互动，通过互动粉丝发现博主很有趣，而且非常有亲和力，这不仅为主播的视频赢得了更多点赞，而且还因为主播的亲和力和好感，赢得了很多新粉（见图9-1）。

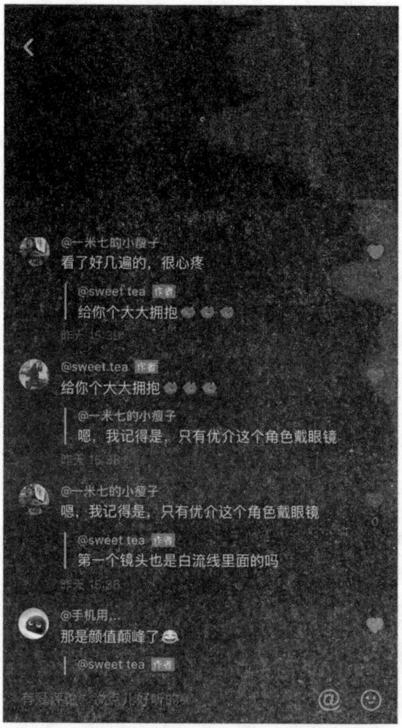

图9-1　抖音号“sweet　tea”和粉丝评论互动

在互动时，记住几个要素，会让你的互动更有效。

（1）评论要及时。

当粉丝发出评论时，一般还会停留在你的视频之中，因此这个阶段你需要及时回复，可以让对方快速看到你的回复，从而继续为你评论，还可能会因此转发视频。

（2）评论内容要结合粉丝评论内容和视频内容。

你的评论内容不可以跑题，需要结合粉丝评论内容和视频内容，将二者融合，既能扣主题，也能让粉丝有一种被重视感。

（3）评论内容要幽默风趣。

幽默风趣的评论互动最能提高一个抖音主播的魅力，而且有趣的互动也能让粉丝感受到你是一个有意思的人，更容易对你转粉，甚至转发视频。

■ 发布视频时的标题要有互动性

互动性还体现在视频本身，尤其是标题上，因此在编辑标题的时候，要多取一些能够让观众互动的话题。有一个做装修的抖音号，在抖音上发布了一个视频，标题是这样的：“关于甲醛的错误认识，别再被一些传言影响了家人健康。有多少人中过招？评论区见。”

这个视频在不到两个小时之内，获得了1700多条评论，人们纷纷在评论区给出留言，主播也积极与粉丝互动，很快这个视频的热度越来越高，有了上万点赞。

因此，我们要学会在标题区加入互动的成分，让看到你的视频的人都能有踊跃参与互动的想法。

抖音小课堂：

发布一条短视频之后，及时关注用户评论，然后积极回复，和用户达成良好的互动，观看其涨粉和点赞情况。

2. 怎样把私信功能运用到极致

抖音和微博一样有一个私信功能，在这个功能中，你可以和你关注的人或者你的粉丝进行发消息对话。这个小小的私信功能可以帮助我们的抖音更好地实现转化。

■ 个人抖音账号私信功能操作

如果你和对方没有互相关注，可以点击对方头像，然后进入对方抖音号，点击右上角的设置，进入私信页面，就可以编辑私信内容。如果你们已经互相关注，那么就可以在对方主页面中点击“发消息”，即可进入私信功能。

当然了，在私信功能中，我们还需要特别注意发送的“姿势”。

（1）利用私信发送视频。

私信中还有一个功能，那就是直接给对方发送你的视频。点击我们发布的任何一个视频，然后点击转发，在转发中有转发给朋友选项，然后选择要发送的朋友，点击发送即可。

这样对方打开抖音时，就可以看到私信消息通知，第一时间看到你的视频。

（2）发送私信时，注意编辑语言。

私信是一个高效的推广抖音利器，因此，我们在发送私信时，尽可能要编辑好合适的语言，保证让对方看到时不会不舒服。例如下面这个

私信内容："欢迎来到我的抖音，谢谢你私信给我，关注我，告诉我你喜欢什么，我会给你更多惊喜视频。"（见图9-2）

图9-2　个人抖音账号私信功能和私信话语编辑示范

在这个私信中，抖音主播首先感谢对方喜欢他的视频人，然后发出关注邀请，并且和对方进行互动，希望对方可以说出自己喜欢的视频类型。这样的私信可以给对方带去一种被重视感，由此对主播也更加有好感。

■ 抖音企业号私信功能的操作

抖音企业号的私信功能可以帮助企业与粉丝更高效地沟通，缩短用户和品牌的转化路径，减轻企业号运营工作量，提高品牌营销效率。

通过私信功能，企业号可以在抖音平台打造自己的社交关系，积累粉丝、高效沟通、创造更多营销转化。

（1）私信的自定义回复。

抖音企业号的私信功能的自定义回复可分为自动回复和关键词回复。

自动回复。

自动回复是用户首次发送私信时系统自动发送的内容，设置一段别出心裁的自动回复可以让企业号在第一时间给目标潜在客户留下深刻印象。

关键词回复。

关键词回复是根据用户发送内容进行关键字匹配回复，相应关键字可以触发相应回复，批量、迅速地解决用户群中存在的常见问题、传达新品上市信息或节日祝福等。

■ 给企业一个人设，让私信“活”起来

私信功能的推出，增加了企业和用户沟通的维度和黏性，帮助抖音企业号树立账号的人设，高效促进营销转化。

企业号必须要明确自己的账号定位，结合品牌理念、用户画像和平台特点打造账号人设化，这样可以在很大程度上吸引受众的青睐。企业号可以以拟人化的感觉用鲜明人设与粉丝进行私信交流，引发用户交流兴趣，将极具特色的品牌形象深深植入用户内心，扩大品牌积极正面的影响力。

例如抖音企业号“皇室战争ClashRoyale”（某游戏品牌），在私信中与抖音用户是这样互动的：

“关注我这么久才来私信我，是不是无聊了？那就来找国王唠

嗑呀!

回复A帮你解决游戏中遇到的各种疑难杂症。

回复B获得一个超冷的冷笑话。

回复C就能获得一整天的好运气。

回复D拿一张皇室战争帅图。

回复E在线吸猫。

回复F还没想好，别试了。

回复G有用吗，我也不知道有没有用。

回复H正在做了”（见图9-3）。

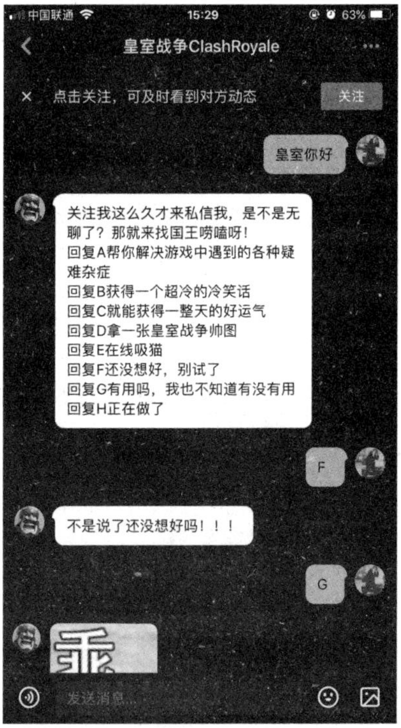

图9-3 抖音企业号“皇室战争ClashRoyale”私信拟人化回复

这种方式就将企业拟人化，仿佛用户在与一个人私信交谈，非常有意思，无形之中增加了抖音用户对该抖音号的喜爱。

■ 巧妙使用私信实现转化的操作

作为抖音企业号，可以将抖音的私信平台建设成为推动转化的工具，针对有意向的客户及时进行针对性沟通，满足客户需求，促进销售转化。

（1）私信中设立官网，一键转入购物网页

在注意力稀缺的移动互联网时代，任何想要突出的企业必须要有有趣的灵魂才能万里挑一。在这方面，网易考拉做得很好。网易考拉在抖音中采用独特的创意及互动方式——私信中设立官网链接，实现直接转化。

打开网易考拉的抖音号，然后点击私信，即可进入私信页面。在这里有两个导航链接：美好生活和立即下载（见图9-4）。

图9-4　网易考拉抖音号私信中导航链接

打开美好生活，即可进入网易考拉的网页链接，在这里你可以直接搜索你想要买的商品，然后一键购买（见图9-5）。

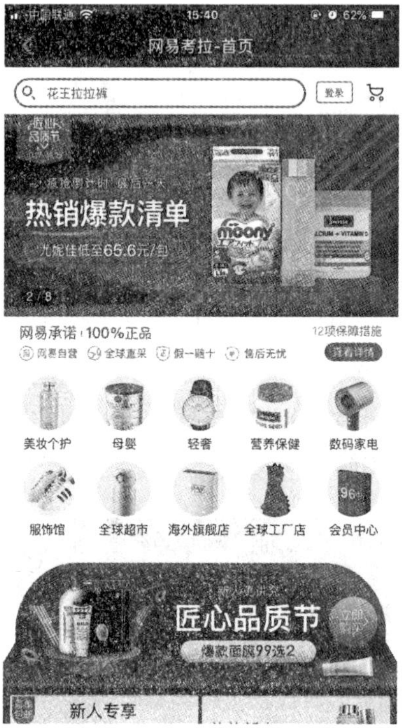

图9–5　网易考拉抖音私信中直接购物页面

点击“立即下载”，即可进入安卓或者iOS系统的网易考拉APP下载页面，直接在手机下载该APP（见图9-6）。

网易考拉的这种创意模式可以直接转化用户，为网易考拉带来了更大的转化量和变现，值得很多企业学习。

与用户进行沟通，洞察用户对产品及视频内容的真实需求，高效率且有温度的回复不仅让用户会心一笑，还会让用户记住网易考拉的品牌属性，这正是私信功能辅助建立起来的账号人设。

图9-6　网易考拉抖音中直接下载APP页面

（2）通过私信延伸平台功能和价值，持续打造影响力。

我们还可以通过私信来延伸抖音平台功能和价值，这样为日后的直接转化打下基础。

例如“前程无忧”，自从加入抖音企业号之后，月均播放量增加了948%，月均点赞量增加了2126%，月均评论量则增加了661%。原因就在于“前程无忧”通过私信为用户提供了很多实用价值的信息，进一步延伸了平台的功能和价值。

例如，打开“前程无忧”的抖音号，找到私信功能，在这里，会发现“前程无忧”和用户进行一些干活交流。例如教导用户面试的一些小技巧，让用户受益匪浅。通过这些有价值的信息很好地维护了商客关系，让“前程无忧”更深得人心，也打响了品牌的影响力。

抖音小课堂：

发送一个抖音视频，然后将其用私信的方式发送给关注你的人，并在私信中编辑一段话。

3. 怎样将福利发到粉丝心坎上

抖音想要做得好，在复盘时我们还应该注重粉丝的心理需求。如何满足粉丝的心理需求呢？除了前面几章我们所说的在定位、内容、视频拍摄等方面来体现，还应该注重福利的发送。

关于发送福利的方式有以下几个。

■ 在抖音视频末尾隐藏“彩蛋”

快速吸粉的技巧是赠予用户福利，这是吸粉最快的办法，在进行抖音内容创作的时候在视频末尾埋藏彩蛋，让用户看到底就可以获得福利。

在抖音平台机制中，一个视频的完播率在很大程度上影响着视频的热度。当用户看完视频没有发现任何惊喜时，他很可能不会点赞，更不会转发。但是如果他在末尾看到你的视频中有“彩蛋”，他会心情愉悦。在这种气氛之中随手给你一个点赞是很正常的事情，还可能会随手转发。

不过这样的方式有一个弊端就是：吸粉不精准，虽然可以达到吸粉的目的，但是后期的转化率会比较低，所以抖音用户也要根据自己的运营情况找准方式进行选择，把握好这种送福利的度。

■ 标题中加入赠送福利的话语，吸引用户观看视频

想要更好地发送福利，还可以在视频的标题中发布一些赠送福利的话语，这样可以在很大程度上吸引用户观看视频。

例如在标题中加入下列的话语（见图9-7）：

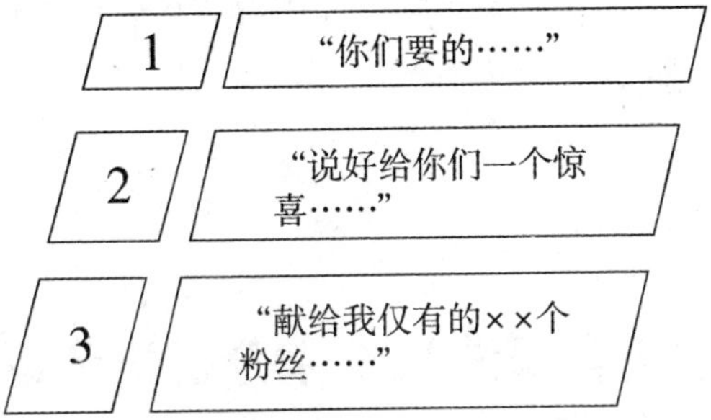

图9–7　标题中加入赠送福利的话语

这样的引导性标题，可以在无形之中吸引人们的点击和观看。同时，这种做法也能体现出抖音主播的用心良苦和对粉丝的爱护。粉丝会更喜爱你，还会将你推荐给更多人。

■ 观察和调研粉丝喜欢什么内容

发送福利的前提是必须要知道粉丝喜欢什么福利。只有知道粉丝喜欢什么福利，你才能有的放矢，将视频福利准确地发送到粉丝心坎上。

这需要你做好调研工作，其中最有效的方式有两个。

（1）观察自己已发送的众多视频。

同样播放量的情况下，有些视频的点赞很高，有些点赞的数量却没有那么高，这说明那些点赞高的视频一定是大多数粉丝喜爱的。那么你

的福利就可以从这些方面来吸取。

（2）观看评论和私信内容。

从评论和私信的内容中了解粉丝喜欢什么，你甚至还可以加入互动，参与到评论，这样可以更详细地了解粉丝的喜好，可以针对粉丝的喜好总结出更好的福利。

抖音小课堂：

针对粉丝的要求发送一个福利视频，然后观察其点击量、点赞数和转发量。

4. 怎样通过抖音算法机制来分析抖音运营

抖音的算法极其有意思，因为抖音的流量分配是去中心化的。

在微博和公众号上，如果你没有粉丝的话，你发的内容就不会有人看。你得需要外在的营销和长期的优质内容积累，才能获得知名度。但是抖音不一样。在抖音上你可以完全没有粉丝，但是只要你发布一个视频，无论质量好坏，都会在一开始有初始的播放量，从几十到上千不等。这就是抖音的流量池算法，抖音会根据算法给每一个有作品的人分配一个流量池。之后，抖音会根据你在这个流量池里的表现，决定是把你的作品推送给更多人。

因此，从某种意义上来说，抖音的算法让每一个有能力产出优质内容的抖音主播，得到跟大号公平竞争的机会。

只要你发布了视频，抖音平台都会自动分配精准流量给你，为我们带来大量的曝光度，收割大量的粉丝和关注度。因此，搞清楚抖音算法，会让你的视频有80%以上上热搜的机会。

我们只需要明确抖音的推荐算法，然后我们围绕着算法制作优质的15秒视频内容即可，不断去优化15秒内容即可，流量会越来越大。

■ 抖音算法机制

下面看一下，关于抖音的算法机制。

抖音推荐：抖音采取的是叠加推荐，去中心化。

（1）初始播放量。

通常情况下，一个视频的初始播放量都会有200-300，这是抖音平台推送给用户的。如果你的视频播放量低于200，需要观察1小时左右，查看播放量是否增长至正常。如果你的作品不被抖音用户接受并喜欢，那么播放量就会停滞不前。

（2）转发、点赞、留言和完播率。

在抖音算法机制中，按照权重来看，完播率权重最大，其次是转发，点赞和留言（见图9-8）。

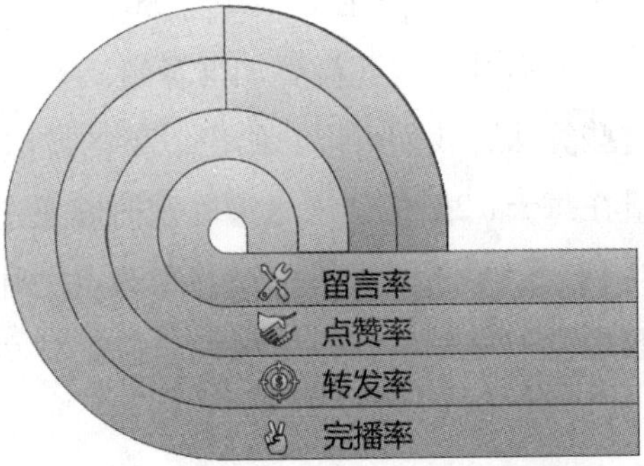

图9–8　抖音算法机制中的权重比配

也就是说，如果你的视频被更多人点击播放完整，那么就会有更多的机会被推荐，提高完播率的方法有。

第一，故事带有悬疑色彩，调动人们的猎奇心理，想要把它看完。

第二，原创故事，看到开头猜不到结尾，让粉丝完完整整地看完。

第三，创意视频，让粉丝大开眼界。

第四，与生活息息相关的细节视频，这种视频最能引起共鸣，带动人们的关注。

第五，视频不要太长，最好在10秒左右。如果你有长视频权限，那么视频时长控制在45-50秒之间最佳。

当你的视频符合上述几点，就会有很大的播放完整机会。有了播放完整率，你的视频在自推荐的算法中就会略胜一筹。

对于点赞，更简单理解。获得的点赞越多，你的推荐就会越多，流量池就会越大。

无论你发的什么视频，首先要给自己点一个赞。一个赞可能会获得抖音平台1000个推荐，也可能获得更多。其次，多去一些关注者的视频中点赞，互相点赞也可以为你带来更多的流量。最后还是依靠视频质量取胜，如果你的视频非常优质，粉丝自然不会吝惜一个点赞。

对于留言，你要想得到更多评论，在取标题的时候，要多取一些能够让观众互动的话题。

以1000播放量为例，点赞若在100，转发50，留言30-50以内，作品就会有爆款痕迹，而且后续抖音还会叠加推荐量。

根据抖音的这些算法，我们可以总结出以下的方法。

作品发布数量在每天1-2条最佳　尽量固定时间发送。作品发布时间最好在上午11点半到12点半之间，下午18点到20点之间。周五18点到20点间发布优质内容爆款概率和增长幅度极大，持续时间长，持续时间从周五晚可持续到周日，甚至周一早上。

■ 根据抖音算法分析抖音做法

假设每天在抖音上有100万人上传短视频，抖音会随机的给每一个短视频分配初始推荐——200-300播放量。然后从这100万个短视频的初始播放量里面来看，综合评价点赞、关注、评论、转发等数据，然后可能挑出来1万条，在这1万条短视频里面，每一条再平均分配10万次播放量。以此类推，在这1万条里面，再通过这1万次曝光，再去查看哪些是点赞、关注、转发、评论最高的，然后从中间再选出来100条，这100条是已经经过一轮一轮验证过的，一定是完播率、点赞率、留言转发比值最好的。

这些短视频会进入推荐的大流量池，而每天积累出来的精品推荐内容会变成一个越来越大的推荐池，每个用户都会从这个推荐池里被垂直推荐内容。

推荐池内容繁杂，里面有各种类型，这就导致大部分内容时效性不强，衰减速度都很慢，注定累积很多长期霸屏的作品（或优质账号）。若一个账号有爆款作品，并且吸引了大量关注，这个作品会在推荐池里不断翻滚，作品持续跟进，爆款视频会为其他作品带来流量。

在抖音里面，发布了一个视频，取得爆发式的增长。可是去做第二条视频的时候，同样是从零开始的，同样的起点跟当天上传的其他视频去竞争，是没有任何连带关系的。几乎不存在某一天作品爆红，第二天发布新作品也会再次爆红的例子。

一个账号爆款之间会有间隔期（36-48小时），甚至之前的爆品会被再次挖出来，继续吸引新增垂直用户。

每个作品都有爆款的潜质，如果你认为内容足够好。不要气馁，作品没被推荐，也会进入大流量池滚动，如果滚动期间播放量和点赞、转发、留言比值达到标准，仍会被热推。

有时候会发现之前爆红的作品，又再次涨粉。这种情况大致分为两种解释。

第一，该作品在推荐池里滚动，又再次触发了爆款比值。

第二，新作品为账号带来了新增用户，新增用户对爆款感兴趣，触发了爆款比值。

抖音小课堂：

发布一个视频，然后观察播放量和点赞，根据上述分析的一些推荐数量，预测自己的作品是否可以成为爆款。

5. 怎样从同行中学习到新点子

想要做好抖音，在复盘的过程中，我们还需要从优秀的同行身上学习。很多时候我们自己的抖音运营到一个瓶颈状态时，需要的是沉稳和冷静。在冷静中做好复盘，尤其是多学习同行的抖音做法。

学习同行的做法中最重要的主要有三点。

■ 学习对方的选题

很多十几万甚至几十万点赞的视频，之所以做得好，很大程度上是因为选题做得特别好。好的选题可以给用户带去视觉和心理上的双重享受。选题，顾名思义就是选择视频主题。选对一个主题，对整个视频的热度都有关系。

假如你是做职场培训或者管理的抖音号，那么就应该多关注类似“职场箴言”这样的大号。看一下这些同行是怎么做。例如“职场箴言”有一个视频是“我跟你谈工资，你却跟我谈理想”的视频，短时间内点赞数23.5万，评论1.1万，转发2.5万（见图9-9，下一页）。

图9-9　“职场箴言”抖音号的热门视频

原因分析如下。

第一，选题比较有关注点。选题的主要文案就是“为什么很多公司都留不住90后”。现在90后已经成为社会、职场主力，与80后、70后完全不一样生长环境的90后，一直是大众的关注点。因此，这个选题角度本身较广。

第二，内容比较反鸡汤且在网上就有一定的热度。很多人认为90后员工会走，是因为制度不行、同事不行、文化不行，其实都不是，90后员工非常清醒，讲情怀、讲梦想没用，钱给够了就行。这种直戳事情本质的，揭开虚伪一面的内容更符合偏年轻化的抖音用户的爱好。

第三，配乐。这首歌的配乐是一首英文歌，节奏与翻页速度一致，让人听起来、看起来都比较舒服。

■ 学习同行的文案

同行的视频为什么点赞那么高？可能因为对方的文案好。大多数时候我们总是在拍摄手法上和选择音乐上特别纠结，事实上视频的文案也很重要。当我们的视频无法得到更多推送时不如静下心来看看自己的文案是不是符合用户的心理需求。

对比同行类似的视频，观看对方的视频文案是怎样的。例如华为荣耀手机。2018年10月中旬，华为荣耀手机推出了一个新款手机的视频，快速获得点赞40多万（见图9-10）。

图9-10　荣耀手机抖音号的优秀文案

因为这个视频的文案是真的非常优秀。

分析。

视频标题：内容引起极度舒适，请放心食用。

内容：一个女生在使用一款手机（荣耀8C）的有趣过程。

文案："自信的人都有哪几种表现？（1）手机不贴膜；（2）出门不化妆；（3）用自带相机拍照；（4）发朋友圈不P图；五，出门不带充电宝。最重要的是，走路要带风！"

这几句文案将这个手机的所有特点都体现出来：屏幕质感好；相机自带美颜功能；电池续航时间长；手机颜值高等。

这样的文案再配合视频中女生的"浮夸"表演，怎能让人不点赞呢？

因此，你要从同行身上学习文案和视频的结合。好的文案不是突兀的，必须要与视频中所表达的物品或者主体相呼应。其次，你的文案还要抓住当前年轻人的心理和生活上的需求，给用户一种点击的冲动。

下面是几种抖音类型的文案选择：

第一，职场类、沟通类、心理类的视频（点赞量较高），文字都是总结性的，且格式较为固定、能押韵。音乐节奏感较强。

第二，励志类，基本上都是文案+配图，音乐较缓慢、忧伤或励志。

第三，职场、沟通类的标题多带有数字，且带有总结性。

第四，心理、励志类多是采用能引起人们恐慌、质疑、好奇的文案表述形式。

■ 学习同行的互动方式

很多时候，我们发布的视频和同行的视频差不多，但是为什么却没有对方的热度高呢？可能是因为你不会互动。

在互动上主要有两点。

第一，标题互动。例如上述荣耀手机的标题“内容引起极度舒适，请放心食用。”这句话其实就是一个很好的互动，给对方一种引导。再比如那些用提问的方式也非常有互动性。

第二，留言评论中的互动。在留言中也要学会评论互动，要及时照顾到粉丝的回馈，否则你的评论不够热，也影响到流量推荐。

总之，当我们的视频做到一定程度时，一定要静下心来思考一下同行的做法，从中汲取优秀的方法和技巧，加以运用。

抖音小课堂：

多关注同行抖音号，在一些热门发布视频的时间观看对方视频的点赞数和评论数的变化。

6. 怎样写一份复盘总结

复盘总结不是传统意义上的总结，而是一个全面系统专业的团队性质的总结。

第一，复盘是一种结构化的总结方法。

换句话说，复盘需要遵照一定的流程和步骤，然后按照一定的框架来进行对事情的回顾和总结。通常意义上，我们认为的工作总结，知识根据个人的工作写出一份总结报告，不具备固定的结构和流程。

第二，复盘是以学习为导向。

这是复盘和总结之间最大的差别。我们都知道，单纯的工作总结，其实是对工作做一个结论，或者画一个句号，提出来我这个工作中存在哪些好的地方，不好的地方，基本上全部的工作就是这些内容。

但是复盘本身并不是去特别关注到底我们的绩效好还是不好，而是本着学习心态去做。无论工作的过程是好还是坏，已经发生了，那么我们的复盘目的就是从中学到经验和教训，找到未来可以优化的地方。所以，我们做复盘是以学习为导向的。

第三，复盘通常是以团队的方式进行总结。

单纯的总结往往是以个人方式来进行。但是在复盘的过程中通常是一个团队行为。因为在企业里面，或者一个项目的运作上，是由很多成员一起完成的，所以复盘是以团队的形式来进行这种工作的总结，更是一种非常重要的团队学习和组织学习的一个机制。通过这种深度的剖析，能够激发团队的智慧，然后让大家能够挖掘出来知识、经验，从而促进整体的提高和协同的这种效率的改善。

在复盘的过程中，总结经验是一个非常重要的环节。前期的回顾目标、结果对比、分析原因都是为了可以总结出有价值的经验，找到自己的不足，然后进行优化改善。对于抖音运营也是一样，视频发送之后，需要根据粉丝点赞量、评论和转发等来分析数据，找到点赞少的原因，找到自己的不足，然后发动团队的力量，集思广益，做到优化。

■ 抖音复盘需要明确的点和原则

抖音复盘需要明确的点。

（1）在总结中，我们需要明确从这个过程中可以学习到什么新的东西？

（2）如果别人向你请教，你能给他什么建议？

（3）在下一步的抖音运营中，你需要做哪些改变？

（4）有哪些方案是我们可以直接行动的？

（5）有哪些方案是需要层级处理解决之后再行动的?

需要注意的是，在进行复盘时，我们很容易犯的一个错误就是轻易总结出“规律”，从而导致封闭或僵化。

实际上，复盘主要是针对具体事件的讨论，其得出的结论很可能具有局限性。也就是说，只是在当前的情况下，由这个团队执行这项任务时发生了这样的状况。因此，通过这一次复盘得出的经验或教训并不一定普遍适用。因此，我们不能把当时的认识当成规律。当然，也不排除经由复盘提炼出常见问题的通用对策或一般性规律的可能性。

如何判断复盘的结论是否可靠呢？一般来说，可以通过以下四条原则来评判:

（1）复盘的结论是否排除了偶发性因素?

换句话说，我们要知道在复盘过程中所经历的这些事件，以及分析得到的原因是否具有普遍性。这些内容可不可以适用于大多数情况？如果仅仅是个例，又是否有一定的偶然性?

（2）复盘结论是指向人，还是指向事?

有时候在复盘过程中，很容易混淆一件事，那就是对事和对人。有些时候会针对团队中某个人的做法。事实上，团队复盘总结经验时，应该坚持对事不对人的原则。

（3）复盘结论的得出，是否经过多次的追问得出?

复盘总结经验时，最好需要三次以上的连续追问“为什么”，而不是很简单的得出结论。尤其是一些根本性的问题，必须要深刻剖析，不能仅停留于具体事件或者操作层面。

（4）是否有类似事件的复盘结果，可以进行交叉验证?

在复盘时，很可能会发现以前的问题又出现了，或者以前的经验也可能用得上。所以，在这个过程中，有必要进行交叉验证的就可以交叉进行。

根据上述明确的点和原则来写复盘经验就可以科学地做出总结。

例如，下表是一个抖音的简单复盘示范：

抖音号：××××复盘总结记录	
复盘时间	2018年10月1日-2018年11月1日
复盘事件	对抖音号：××××一个月以来的粉丝数量、视频点击量、视频点赞数量和视频转发数量进行复盘。
复盘参与人员	抖音主播、视频内策划者、视频特效设计师、视频宣传者、文案。
复盘问题	1.粉丝属性大多在25岁-30岁的女性。 2.一个月用来发布了58条视频，粉丝数量保持平缓增长，平均每天增长100个粉丝。 3.视频点击量出现时间上的差别，即下午14点之后和晚上20点之后发布的视频点击量会很高，上午10点-12点发布的视频点击量很少。 4.视频点赞量和转发与上述点击量是成正比的。 5.视频评论发现中粉丝群更看重特效和背景音乐的选择。 6.粉丝更喜欢专一，所以过去复杂多样的视频模式需要统一。 7.微博推广比微信推广更有效，粉丝特别喜欢微博超话内容。
复盘结论	1.视频发布保持每天2条的频率。 2.视频发布时间要选择在晚上21点之后最佳，切记不要在上午发视频。 3.每个视频都要严格配对背景音乐。 4.特效设计师要多学习更多的优秀技巧和特效运作，并且加入创新内容。 5.内容不可复杂，尤其对自己不熟悉的领域，不要轻易尝试。 6.专门开发一个微博营销团队，进行全面系统地微博营销。
备注	

■ 复盘结论需要实践验证

在复盘的时候我们必然会遇到这样一个问题：复盘得出的结论是不是就是真正的结论，有没有可能得出的结论就是错误的。或者结论偏离现实?

这确实是一个很重要的问题，因为它连带着的是对复盘工作的重新评估：是否要继续往前推进、是否要继续探寻其他的可能。

事实上，复盘结论正确与否最好的验证就是实践。

如果复盘得出的是真正有价值的结论，它必然能够指导后面的实践，使得实践得出我们期待的结果，这可以称为复盘结论的有效性。然而，一旦进入到实践阶段，则说明复盘工作已经结束，它并非复盘过程中当时就能确定。

复盘得出的结论是否可靠，必须在复盘的当时就做出一个判断，一般来说可以通过两个实战步骤来评判。

第一，将复盘的结果进行一个假设。

在这个假设中做好两种准备：第一种是正面假设，第二种是负面假设。对于正面假设，我们不用多说，自然是有效的。而对于负面假设，则要列出可能会出现的负面信息，不良影响，等等。

第二，做一个测试版的实战。

无论是开发产品还是做抖音运营，我们都应该根据复盘结果来做一个测试版。这个测试版就是实战版本。通过测试实战可以对复盘的结论一目了然。这样，运营者运营起来才会更加有效。

抖音小课堂：

根据本节的内容对自己的抖音号写一份复盘总结报告。